陳福成著

陳福成著作全編

第七十三冊　臺北公館臺大考古導覽

文史哲出版社印行

國家圖書館出版品預行編目資料

陳福成著作全編 / 陳福成著. -- 初版. --臺北
市：文史哲,民 104.08
頁： 公分
ISBN 978-986-314-266-9（全套：平裝）

848.6 104013035

陳福成著作全編

第七十三冊　臺北公館臺大考古導覽

著　者：陳　福　成
出版者：文　史　哲　出　版　社
http://www.lapen.com.tw
登記證字號：行政院新聞局版臺業字五三三七號
發行人：彭　正　雄
發行所：文　史　哲　出　版　社
印刷者：文　史　哲　出　版　社
臺北市羅斯福路一段七十二巷四號
郵政劃撥帳號：一六一八〇一七五
電話886-2-23511028・傳真886-2-23965656

全 80 冊定價新臺幣 36,800 元

二〇一五年（民一〇四）八月初版

ISBN 978-986-314-266-9　08981

陳福成著作全編總目

壹、兩岸關係

①決戰閏八月
②防衛大台灣
③解開兩岸十大弔詭
④大陸政策與兩岸關係

貳、國家安全

⑤國家安全與情治機關的弔詭
⑥國家安全與戰略關係
⑦國家安全論壇。

參、中國學四部曲

⑧中國歷代戰爭新詮
⑨中國近代黨派發展研究新詮
⑩中國政治思想新詮
⑪中國四大兵法家新詮：孫子、吳起、孫臏、孔明

肆、歷史、人類、文化、宗教、會黨

⑫神劍與屠刀
⑬中國神譜
⑭天帝教的中華文化意涵
⑮奴婢妾匪到革命家之路：復興廣播電台謝雪紅訪講錄
⑯洪門、青幫與哥老會研究

伍、詩〈現代詩、傳統詩〉、文學

⑰幻夢花開一江山
⑱赤縣行腳・神州心旅
⑲「外公」與「外婆」的詩
⑳找尋一座山
㉑春秋記實
㉒性情世界
㉓春秋詩選
㉔八方風雲性情世界
㉕古晟的誕生
㉖把腳印典藏在雲端
㉗從魯迅文學醫人魂救國魂說起
㉘六十後詩雜記詩集

陸、現代詩（詩人、詩社）研究

㉙三月詩會研究
㉚我們的春秋大業：三月詩會二十年別集
㉛中國當代平民詩人王學忠
㉜讀詩稗記
㉝嚴謹與浪漫之間
㉞一信詩學研究：解剖一隻九頭詩鵲
㉟囚徒
㊱胡爾泰現代詩臆說
㊲王學忠籲天詩錄

柒、春秋典型人物研究、遊記

㊳山西芮城劉焦智「鳳梅人」報研究
㊴在「鳳梅人」小橋上

總序：陳福成的一部文史哲政兵千秋事業

陳福成先生，祖籍四川成都，一九五二年出生在台灣省台中縣。筆名古晟、藍天、司馬千、鄉下人等，皈依法名：本肇居士。一生除軍職外，以絕大多數時間投入寫作，範圍包括詩歌、小說、政治（兩岸關係、國際關係）、歷史、文化、宗教、哲學、兵學（國防、軍事、戰爭、兵法），及教育部審定之大學、專科（三專、五專）、高中（職）等各級學校國防通識（軍訓課本）十二冊。以上總計近百部著作，目前尚未出版者尚約二十部。

我的戶籍資料上寫著祖籍四川成都，小時候也在軍眷長大，初中畢業(民57年6月)，投考陸軍官校預備班十三期，三年後（民60）直升陸軍官校正期班四十四期，民國六十四年八月畢業，隨即分發野戰部隊服役，到民國八十三年四月轉台灣大學軍訓教官。到民國八十八年二月，我以台大夜間部（兼文學院）主任教官退休（伍），進入全職寫作高峰期。

我年青時代也曾好奇問老爸：「我們家到底有沒有家譜？」

他說：「當然有。」他肯定說，停一下又說：「三十八年逃命都來不及了，現在有個鬼啦！」

兩岸開放前他老人家就走了，開放後經很多連繫和尋找，真的連鬼都沒有了，茫茫無垠的「四川北門」，早已人事全非了。

但我的母系家譜卻很清楚，母親陳蕊是台中縣龍井鄉人。她的先祖其實來台不算太久，按家譜記載，到我陳福成才不過第五代，大陸原籍福建省泉州府同安縣六都施盤鄉馬巷。

第一代祖陳添丁、妣黃媽名申氏。從原籍移居台灣島台中州大甲郡龍井庄龍目井字水裡社三十六番地，移台時間不詳。陳添丁生於清道光二十年（庚子，一八四〇年）六月十二日，卒於民國四年（一九一五年），葬於水裡社共同墓地，坐北向南，他有二個兒子，長子昌，次子標。

第二代祖陳昌（我外曾祖父），生於清同治五年（丙寅，一八六六年）九月十四日，卒於民國廿六年（昭和十二年）四月二十二日，葬在水裡社共同墓地，坐東南向西北。陳昌娶蔡匏，育有四子，長子平、次子豬、三子波、四子萬芳。

第三代祖陳平（我外祖父），生於清光緒十七年（辛卯，一八九一年）九月二十五日，卒於（年略記）二月十三日。陳平娶彭宜（我外祖母），生光緒二十二年（丙申，一八九六年）六月十二日，卒於民國五十六年十二月十六日。他們育有一子五女，長子陳火，長女陳鑾、次女陳燕、三女陳蕊、四女陳品、五女陳鶯。

以上到我母親陳蕊是第四代，到筆者陳福成是第五代，與我同是第五代的表兄弟姊妹共三十二人，目前大約半數仍在就職中，半數已退休。

寫作是我一輩子的興趣，一個職業軍人怎會變成以寫作為一生志業，在我的幾本著作都詳述（如《迷航記》、《台大教官興衰錄》、《五十不惑》等」。我從軍校大學時代開始寫，從台大主任教官退休後，全力排除無謂應酬，更全力全心的寫（不含為教育部編著的大學、高中職《國防通識》十餘冊）。我把《陳福成著作全編》略為分類暨編目如下：

壹、兩岸關係

①《決戰閏八月》②《防衛大台灣》③《解開兩岸十大弔詭》④《大陸政策與兩岸關係》。

貳、國家安全

⑤《國家安全與情治機關的弔詭》⑥《國家安全與戰略關係》⑦《國家安全論壇》。

參、中國學四部曲

⑧《中國歷代戰爭新詮》⑨《中國近代黨派發展研究新詮》⑩《中國政治思想新詮》⑪《中國四大兵法家新詮：孫子、吳起、孫臏、孔明》。

肆、歷史、人類、文化、宗教、會黨

⑫《神劍與屠刀》⑬《中國神譜》⑭《天帝教的中華文化意涵》⑮《奴婢妾匪到革命家之路：復興廣播電台謝雪紅訪講錄》⑯《洪門、青幫與哥老會研究》。

伍、詩〈現代詩、傳統詩〉、文學

⑰《幻夢花開一江山》⑱《赤縣行腳・神州心旅》⑲《「外公」與「外婆」的詩》、⑳《找尋一座山》㉑《春秋記實》㉒《性情世界》㉓《春秋詩選》㉔《八方風雲性情世界》㉕《古晟的誕生》㉖《把腳印典藏在雲端》㉗《從魯迅文學醫人魂救國魂說起》㉘《60後詩雜記詩集》。

陸、現代詩（詩人、詩社）研究

㉙《三月詩會研究》㉚《我們的春秋大業：三月詩會二十年別集》㉛《中國當代平民詩人王學忠》㉜《讀詩稗記》㉝《嚴謹與浪漫之間》㉞《一信詩學研究：解剖一隻九頭詩鵠》㉟《囚徒》㊱《胡爾泰現代詩臆說》㊲王學忠籲天詩錄。

柒、春秋典型人物研究、遊記

㊳《山西芮城劉焦智「鳳梅人」報研究》㊴《在「鳳梅人」小橋上》㊵《我所知道的孫大公》㊶《孫大公思想主張手稿》㊷《金秋六人行》㊸《漸凍勇士陳宏》。

捌、小說、翻譯小說

㊹《迷情・奇謀・輪迴》㊺《愛倫坡恐怖推理小說》。

玖、散文、論文、雜記、詩遊記、人生小品

㊻《一個軍校生的台大閒情》㊼《古道・秋風・瘦筆》㊽《頓悟學習》㊾《春秋正義》㊿《公主與王子的夢幻》(51)《洄游的鮭魚》(52)《男人和女人的情話真話》(53)《台灣邊陲之美》(54)《最自在的彩霞》(55)《梁又平事件後》。

拾、回憶錄體

(56)《五十不惑》(57)《我的革命檔案》

(58)《台大教官興衰錄》(59)《迷航記》(60)《最後一代書寫的身影》(61)《我這輩子幹了什麼好事》(62)《那些年我們是這樣寫情書的》(63)《那些年我們是這樣談戀愛的》

(64)《台灣大學退休人員聯誼會第九屆理事長記實》。

拾壹、兵學、戰爭

(65)《孫子實戰經驗研究》(66)《第四波戰爭開山鼻祖賓拉登》。

拾貳、政治研究

⑰《政治學方法論概說》⑱《西洋政治思想概述》⑲《中國全民民主統一會北京行》⑳《尋找理想國：中國式民主政治研究要綱》。

拾參、中國命運、喚醒國魂

㉑《大浩劫後：日本 311 天譴說》、《日本問題的終極處理》㉒《台大逸仙學會》。

拾肆、地方誌、地區研究

㉓《台北公館台大地區考古・導覽》㉔《台中開發史》㉕《台北的前世今生》㉖《台北公館地區開發史》。

拾伍、其他

㉗《英文單字研究》㉘《與君賞玩天地寬》（別人評論）㉙《非常傳銷學》㉚《新領導與管理實務》。

我這樣的分類並非很確定，如《謝雪紅訪講錄》，是人物誌，但也是政治，更是歷史，說的更白，是兩岸永恆不變又難分難解的「本質性」問題。

以上這些作品大約可以概括在「中國學」範圍，如我在每本書扉頁所述，以「生長在台灣的中國人為榮」，以創作、鑽研「中國學」，貢獻所能和所學為自我實現的途徑，以宣揚中國春秋大義、中華文化和促進中國和平統一為今生志業，直到生命結束。我這樣的人生，似乎滿懷「文天祥、岳飛式的血性」。

抗戰時期，胡宗南將軍曾主持陸軍官校第七分校（在王曲），校中有兩幅對聯，一是「升官發財請走別路、貪生怕死莫入此門」，二是「鐵肩擔主義、血手寫文章」。前聯原在廣州黃埔，後聯乃胡將軍胸懷，「鐵肩擔主義」我沒機會，但「血手寫文章」的

「血性」俱在我各類著作詩文中。

人生無常，我到六十三歲之年，以對自己人生進行「總清算」的心態出版這套書。

回首前塵，我的人生大致分成兩個「生死」階段，第一個階段是「理想走向毀滅」，年齡從十五歲進軍校到四十三歲，離開野戰部隊前往台灣大學任職中校教官。第二個階段是「毀滅到救贖」，四十三歲以後的寫作人生。

「理想到毀滅」，我的人生全面瓦解、變質，險些遭到軍法審判，就算軍法不判我，我也幾乎要「自我毀滅」；而「毀滅到救贖」是到台大才得到的「新生命」，我積極寫作是從台大開始的，我常說「台大是我啟蒙的道場」有原因的。均可見《五十不惑》、《迷航記》等書。

我從年青立志要當一個「偉大的軍人」，為國家復興、統一做出貢獻，為中華民族的繁榮綿延盡個人最大之力，卻才起步就「死」在起跑點上，這是個人的悲劇和不智，正好也給讀者一個警示。人生絕不能在起跑點就走入「死巷」，切記！切記！讀者以我為鑒！在軍人以外的文學、史政有這套書的出版，也算是對國家民族社會有點貢獻，對自己的人生有了交待，這致少也算「起死回生」了！

順要一說的，我全部的著作都放棄個人著作權，成為兩岸中國人的共同文化財，而台北的文史哲出版有優先使用權和發行權。

這套書能順利出版，最大的功臣是我老友，文史哲出版社負責人彭正雄先生和他的夥伴們。彭先生對中華文化的傳播，對兩岸文化交流都有崇高的使命感，向他和夥伴致上最高謝意。

台北公館蟾蜍山萬盛草堂主人　陳福成　誌於二〇一四年
五月榮獲第五十五屆中國文藝獎章文學創作獎前夕

自序：我們是一掛的

——臺大、公館導覽與考古

自從我在二〇一一年七月出版《台北公館地區開發史》（唐山出版社）後，偶有臺大志工和藝文界朋友找我導覽公館地區，比較正式是大愛電視台製作的公館文史古蹟風情，以及為台大志工講習的導覽。

經多次現地導覽解說實證經驗，及朋友們提供的意見，發覺該書頗多不足，再者該書並非專為地方導覽而寫，經多時研究，決定寫一本公館地區的導覽專書。

導覽員針對一個參觀點解說，通常也要了解參觀點的前世今生。故考古亦不可免，才是稱職的導覽員。本書針對一個參觀點，除了找到它的「前世」圖照，也把握它的現在「今生」拍出照片，圖文並茂的解說更能吸引人。

台北公館地區和臺灣大學，因歷史巧合，成為「共同體」，若無臺大，公館只剩一群營生的人口，其他一無所有。是故，臺大和公館是一掛的，榮辱興衰都是一體的。

公館自古以來並非獨立的行政區，故無村誌、鄉誌之類著作。或許我這幾年所寫的兩本公館史書，可以替代地方誌，完整呈現台北公館給這一代人、下一代人，做為找尋回憶的時光寶盒。（台北公館蟾蜍山萬盛草堂主人　陳福成　草於二〇一三年初秋）

本書運用體例說明

本書區分兩篇，第一篇針對臺大校本部，第二篇公館其他地區。基本體例構想，以能進行考古和導覽雙重功能為設想，第一篇各站末有導覽解說參考時間，第二篇彈性很大則不需要。

各站與站之間，無必然的順序安排，主要是讓各站成一獨立參觀解說點，並由導覽員、訪客、自由參觀者，都能自由按個別可用時間連接成參觀線。整體而言，還有考量點線連接的方便，例如第一篇可如此連線：

△①站→②站→③站→④站→⑤站……

△⑦站→④站→⑤站→⑥站→⑧站……

△⑩站→⑫站→⑪站……

△①站→⑫站→⑮站……

博物館群可以是一個獨立點，或各館連成參觀線，或配合各站都是好法子。第二篇各站，通常要較多時間，故不訂解說時間，站和站無必然順序安排，完全自由參觀研究觀察。

當然，完全不要人來導覽，一個人帶著本書逐一按書中指引、解說，很容易可以找到各景點，也是走入地方文史很好的途徑。

校訓
敦品勵學
愛國愛人
李嗣涔

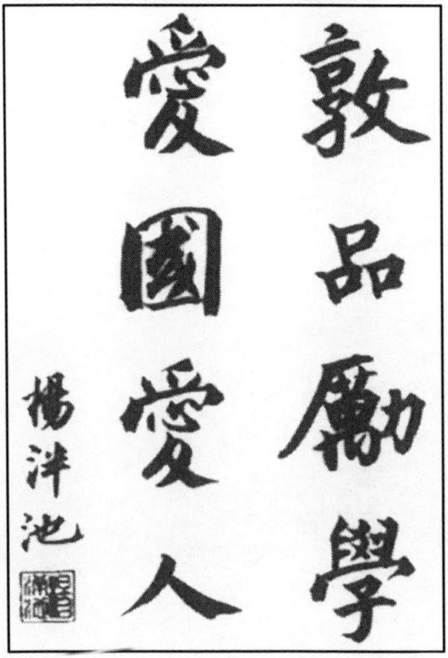
敦品勵學
愛國愛人
楊泮池

台北公館台大考古導覽
——圖文說公館台大的前世今生

目 次

概說：台北公館與台灣大學

△何時有公館？公館在那裡？

台灣有很多地方叫「公館」，據知，高雄、屏東、台中等地，都有叫公館的地方，僅在台北地區，除了本書考古的「台大公館」一帶，也還有叫公館的地方。

在台灣地區凡是叫「公館」的地方，都和數百年來漢民族移民墾拓有關，公館一詞的稱謂從口耳相傳，到官方文書、地圖正式出現，成為一個地區正式名稱，其成因經過，眾說紛云。但歸納起來不外兩個成因。

其一、移民已到一定數量，而公權力未到（或尚未

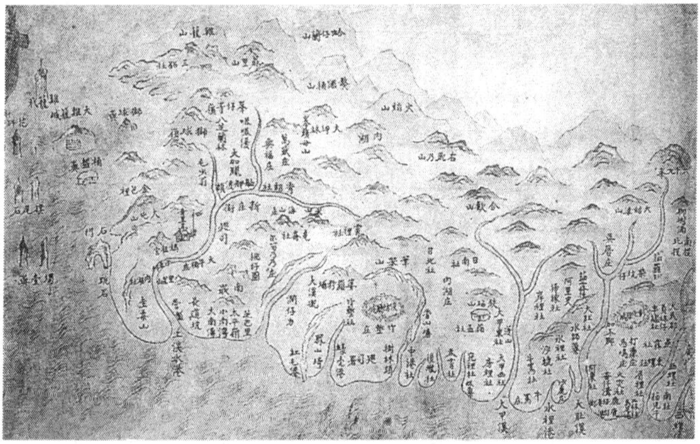

臺灣北半部的番社地圖（乾隆十年繪）

自內部形成），乃由當地移民（或墾首）成立「自治」組織，在某一處所辦理公共事務，該處所即叫「公館」，日久成正式稱謂。

其二、政府的公權力到達，乃選一適宜處所，進駐公務人員，處理與人民有關各項公務，該地日久即被人通稱「公館」。

以台北盆地南側邊緣的「公館」之名的成因，據史料研究，兩側由蟾蜍山（清代稱「拳頭母山」，清末到日據稱「拳山」，光復後稱「蟾蜍山」。），及觀音山（亦習稱「小觀音山」），兩山圍繞成隘口地形，成為狹窄廊道般地理位置，清代早期為漢人墾拓的邊防，也是附近地區物質交流的集散地，清代設專司課稅納糧的「廨署」，形成熱鬧的聚落，故有「公館」一稱。

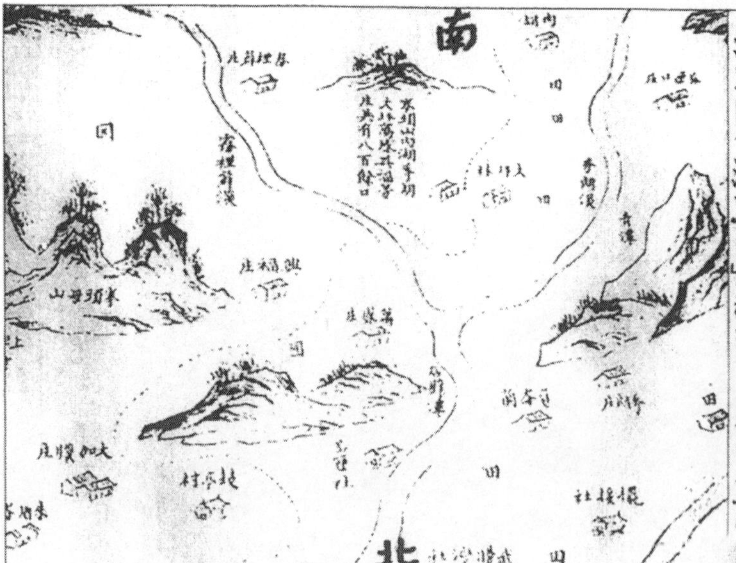

「清乾隆台灣輿图（翻拍自中央图書館）」

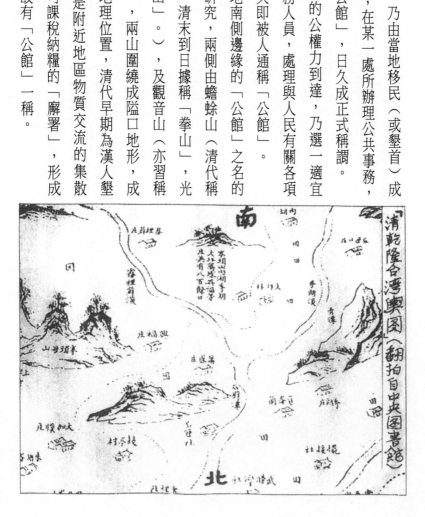

另有一說，清代此處設有「鼓亭」，用以鳴報泰雅族原住民來襲，為了抵抗番人入侵，維持移民聚落安全，在此建立官府，這裡就有了「公館」稱謂。

據史所載，漢人移民欲向南（景美、新店方向）開拓，因「地險番兇」。墾民不能前進，乾隆二十二年（一七五七年），在公館駐車，以兵力支持墾民向南開墾，之後才完成大坪林五庄啟建及瑠公圳的灌溉系統。

以上兩種「公館」稱謂起源說，前者成於公權力，後者成於公權力尚未到達，移民自組「防衛組織」，或頂多是「準公權力」（即政府行政系統尚未完整建立）。

另有兩說也常被文史工作者提到，一者是在今台大公館一帶，在明永歷（明亡後，桂王朱由榔年號，以一六四七年為元年）時，有泉州人何姓在此開墾，並建屋貯存租穀，

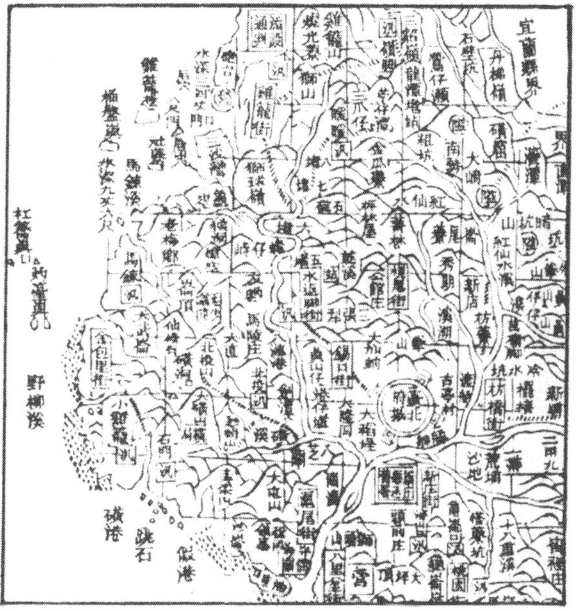

光緒五年的台北府淡水縣公館庄位置

以「公館口」名之。二者說龜山林宅聚落（今台大第二學生活動中心，尊賢會館、雅頌坊一帶），是早期移民墾首收佃租的公廳，便將該屋周圍地區叫「公館」，至於公廳的確實位置，如今已不可考了！以上是「公館」之稱來源的考證。

至於何時「公館」二字才在正式官方文書、地圖中出現？本文有幾張古地圖，讓我們乘時光列車，回到我們的「前世」，看看公館地區古來是何樣光景？

◎乾隆十年（一七四五年）「臺灣北半部番社地圖」：公館地區的萬盛庄、拳頭母山已出現，尚無公館的影子。

◎乾隆二十四年（一七五九年）「乾隆台灣輿圖」（一七五九年）「乾隆台灣輿圖」：本圖中央偏左一帶正是公館地區，出現的地名除萬盛庄和拳頭母山外，有鼓亭村、石碧潭（今寶藏巖一帶）。

◎光緒五年（一八七九年）「台北府淡水縣公館庄位置圖」：本圖是最早出現「公館」二字的官方地圖，公館庄在梘尾街、拳山、三張犁、乾溪之間，只是位置不很正確。光緒元年設台北府，下轄淡水、宜蘭、新竹三縣，公館庄隸屬淡水縣拳山堡。

公館在數百年歷史沿革中，從來都不是「獨立的行政區」，只有這段時間例外（光緒元年到割讓給倭國）！

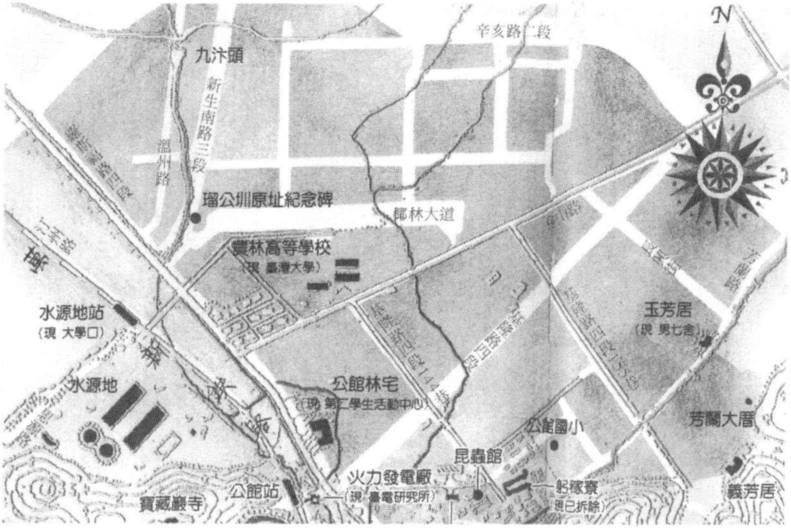

光緒五年的台北府淡水縣公館庄位置

公館的正確位置在那裡?可看**「古公館位置圖」**，本圖判斷完成於台灣割讓之初。公館位於今「公館圓環」東西之線以南，今溪洲、萬盛、公館街、萬隆以北地區，這裡是最早的「古公館」。要到日人在頂內埔庄（日人改成富田町），創建備用南侵的帝國大學，公館的位置才向北移，至今台大公館成了台北南區最繁華的不夜城。

綜合古今公館由南向北移，本書所界定的公館地區範圍，如附圖「公館地區範圖」，最南到萬隆捷運站東西之線，最西到新店溪東畔，最東到自來水事業處南北之線，最北到溫州街和和平東路交叉（和平東路以南）。此一範圍正是文山、大安及中正三區之樞紐，中永和通往北市東區必經要衝，及台北市通往新店、烏來，乃至東部的必經要道，有重要的戰略地位和價值。

△大學，為何在公館誕生?

所有針對台大、公館地區的導覽，對於日本人在台北創建一個帝國大學，絕大多數沒有把為何創建的原因完整的講出來，或頂多提到為了入侵南方各國（中南半島、南洋等），遠因從未有人講到，因為大概已無人知道，這是很重要的問題，事關台灣未來是否可能再被日本殖民!台大是否又回復成「台北帝國大學」?

溯源遠因，一言蔽之曰：**「日本歷代人民已被政客教育認同『消滅中國，統治亞洲，建立日中朝大帝國，是大和民族的天命。』遲早終必須完成，全亞洲都是劣等種族，只有大和民族是最優秀的民族。」**

這個大和民族的天命神話製造者，是十六世紀的織田信長和豐臣秀吉兩位邪惡的野心家，幾百年來日本人都認同了這個神話。

為完成天命，把中、朝統一起來，倭人已發動過三次大規模的「消滅中國」戰爭，還有無數次小型戰役。第一次亡華之戰是我國明萬歷年間「朝鮮七年中日之戰」，倭人慘敗；第二次亡華「甲午之戰」，中國戰敗，割讓台灣；第三次民國八年抗戰，我們收回台灣。

請注意！是倭人欲亡中國，滿清又無能才

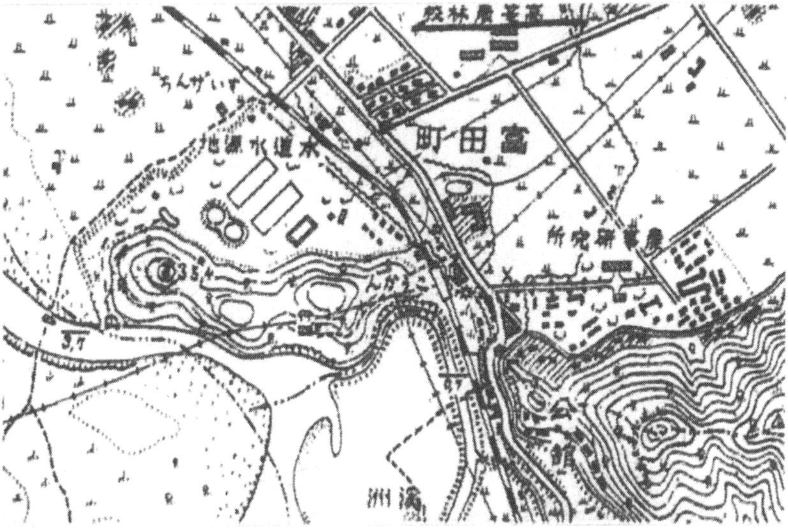

帝大建校前原址：高等農林校

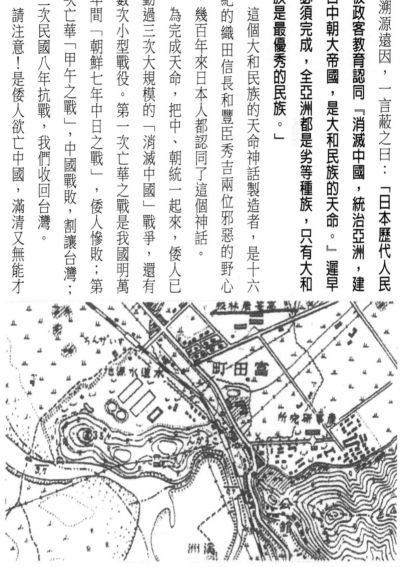

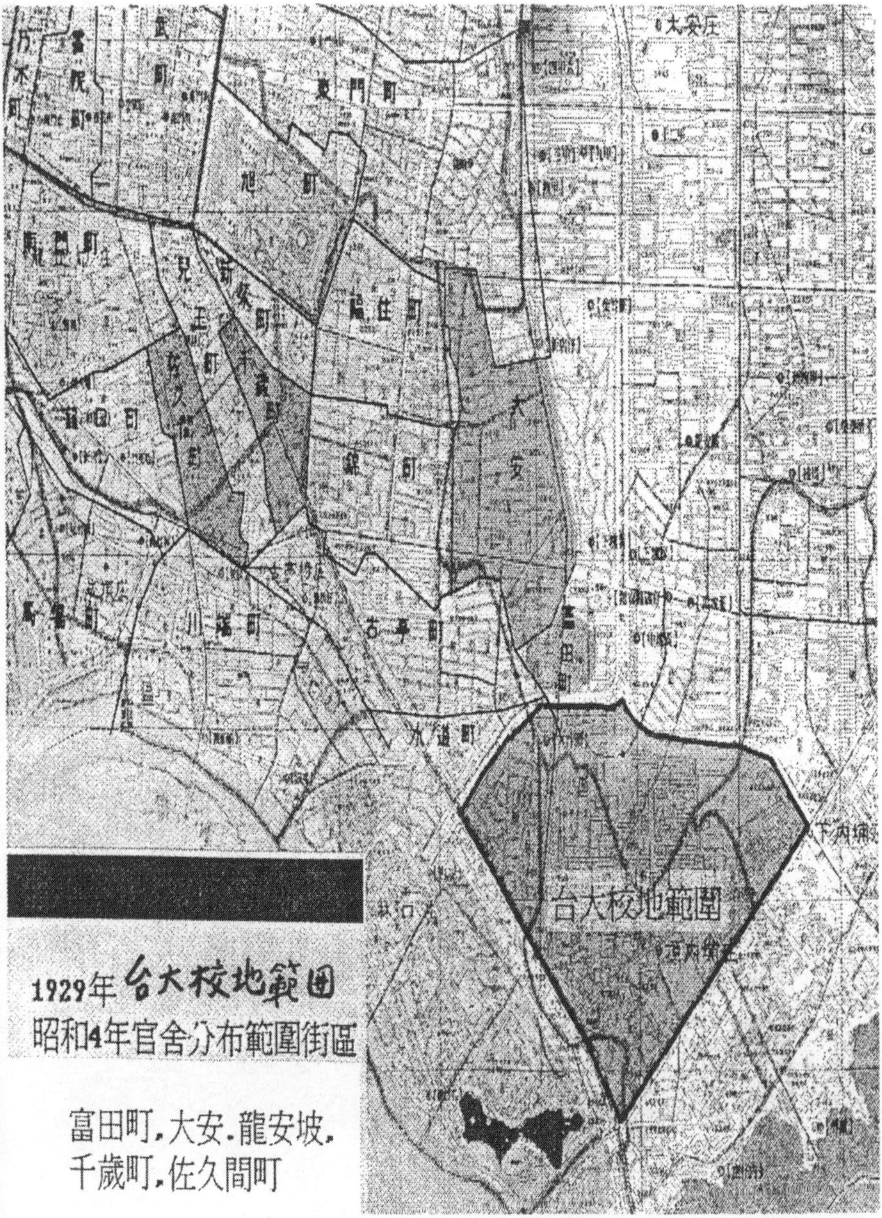
大安庄
東門町
旭町
福住町
錦町
古亭町
川端町
水道町
台大校地範圍
1929年台大校地範圍
昭和4年官舍分布範圍街區
富田町,大安.龍安坡,
千歲町,佐久間町

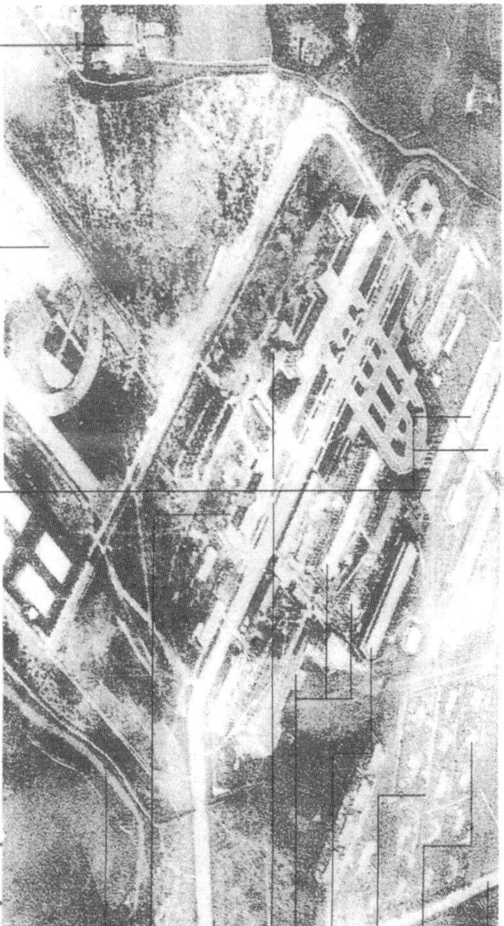
羅斯福路-從台北城南門出來，稱南門路，是通往新店宜蘭的要道
舟山路那時僅容二人並行
教授宿舍
化學工廠和動物飼育所
理農學部
文政學部
總圖
瑠公圳
一般農家
陸上競技場
行政大樓，六號館合七號館，這三棟是高等農林學校原有宿舍
台北帝國大學鳥瞰（攝於民國十九年）

會割讓台灣，又要向南方各國侵略，才有「臺北帝國大學」創建，大學只是一個戰爭工具，並非真心要建設台灣，更非為台灣人要讀大學而設！這是許多導覽台大、公館的導覽員沒有提到的。但由台大聯合服務中心張淇惠和林玟妤所策劃，《二〇一二臺大校園志工訓練手冊》中提到了，甚為可貴，身為志工，應該實話實說，說出真話、真相！

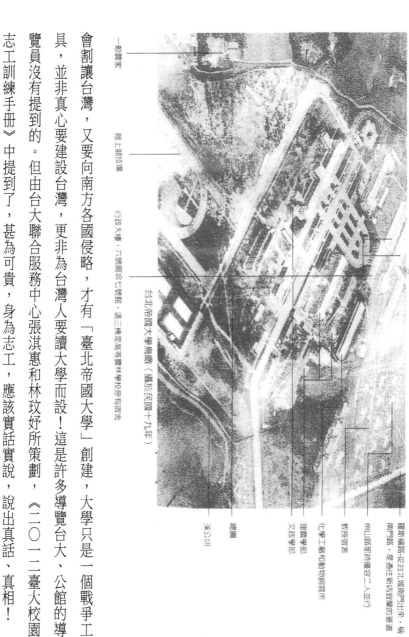

光緒二十一年（一八九五年）六月七日，倭軍攻佔台北城，不久控制了全台灣，開始為進一步吞滅中國及進攻南方各國而建設台灣，倭人訂出「農業台灣、工業日本」的政策。一九一九年在今台大原址建「高等農林學校」，詳見「帝大建校前原址：高等農林校」一圖。但一所農校不足以支持大帝國的戰爭準備需要，乃思索創建大學，以當時全台北的土地開發現況，只有南區富田町有廣大農地可用。

據台大建築與城鄉研究所《台大管有殖民時期建物及宿舍調查研究報告》，民國十四年（一九二五年），時任台灣總督伊澤喜多男，正式編列了「帝國大學創設準備費」的預算，以當時富田町台北高等

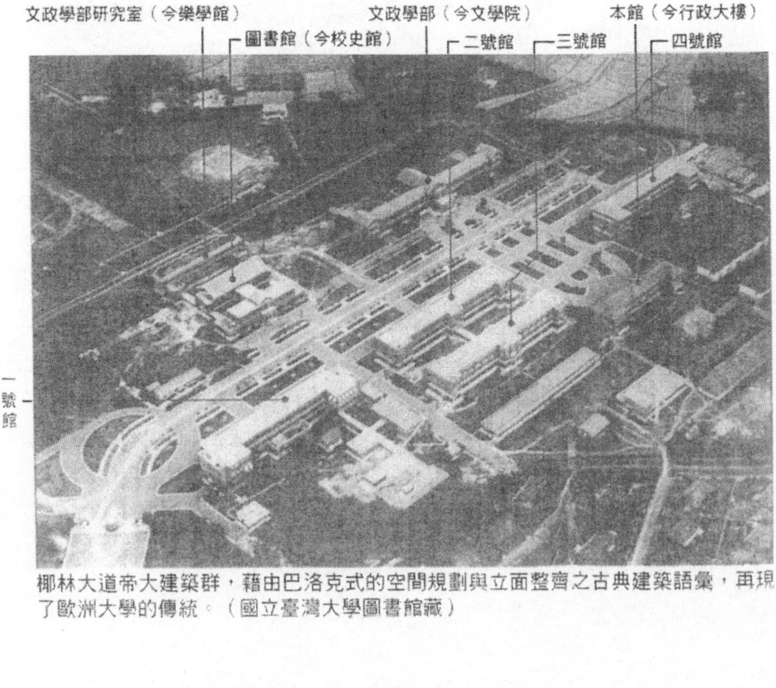
文政學部研究室（今樂學館）
圖書館（今校史館）
文政學部（今文學院）
二號館
三號館
本館（今行政大樓）
四號館
一號館

椰林大道帝大建築群，藉由巴洛克式的空間規劃與立面整齊之古典建築語彙，再現了歐洲大學的傳統。（國立臺灣大學圖書館藏）

農林學校的校地為基礎，準備創建帝國大學。

民國十七年（一九二八年、倭昭和三年）三月十七日，此日總督府頒佈「台北帝國大學官制令」，同時廢止並接收位於富田町的農林學校。帝國大學的地址是：台北市富田町四十七番地（**Taihoku Imperial University, Formosa, Japan**）。

當年羅宗洛校長接收臺北帝國大學的移交清冊。（照片提供：臺大校史館）

台北帝大並非為台灣人、中國人而設，一九二八年初創有兩個學部（文政、理農），有學生五十九人，僅有六位台灣人；三年後一九三一年三月第一屆畢業生四十六人，五位是台灣子弟。因為帝大是為帝國南進提供知識和研究，不能讓台灣人得到太多知識，倭人統治階層也認為「樹高，根就不安；所以不可給台灣人多受高等教育。」

一九四五年八月十五日，倭國宣佈無條件投降。八月二十九日陳儀來台接收。九月中旬，教育部長朱家驊在重慶北碚指派羅宗洛先生，以「台灣教育復員輔導委員會主任委員」（或稱：教育部台灣區特派員）身份，前往接收台北帝國大學。於十一月十五日完成接收，是日為台大校慶日的由來；內定的陳大齊首任校長，因遲遲未能履任，十二月二十二日羅宗洛被聘為台大代理校長。

一九四五年十一月十日接收之初，教育部函請行政院院會討論，將「台北帝國大學」更名為「國立台北大學」；十一月二十日行政院決議名稱應改為「國立台灣大學」。是故，「國立台北大學」之名曾經使用，但並未正式定名。

從帝大改成台大後，又過了近七十年。羅宗洛首任校長之後，第二任陸志鴻，第三任莊長恭，第四任傅斯年，第五任錢思亮，第六年閻振興，第七任虞兆中，第八任孫震，第九任陳維昭，第十任李嗣涔，現在是第十一任楊泮池。

由於各種因緣和合，一個大學在台北公館誕生。百年來，大學產生「磁石效應」，改變了公館的地理位置，提高了公館的文化水平，亦提升公館的總體戰略價值。如今，台大和公館已然成為「生命共同體」。這是對於公館、台大的考古導覽，必須將二者合成的原因。

第　一　篇

圖文說台大校本部考古・導覽

日治時代的椰林大道，隱約只見一棵棵椰子樹點綴偌大的空間。（提供／圖書館特藏組）

第1站：台大校門口

一個校門口有何好介紹的？怎麼成為台大、公館一帶導覽的一個「景點」？每年有無數的人站在這門口沉思並攝影留念，思索著「進門」或「出門」後，人生將要有怎樣的轉折！

確實，這個台灣最高、許多莘莘學子

校友蔡紋州提供（1950 年代）

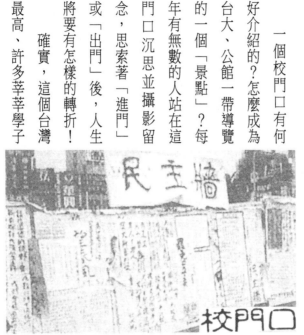

嚮往的大學之門，有著豐富而深厚的歷史意涵，有特殊的文化意義，乃至國家民族興衰的聯想思考。

原來「門」的創作者，有強烈的動機，要強調殖民者的權威，要展示帝國主義擴張的意象。因此，在設計上著重於作為象徵的空間、視覺性空間及穿越空間，而非邀請、停留的空間。在解嚴前後，校門口仍成為學生和社會對話的灘頭陣地，不僅設立了學生言論廣場，也成了各種社會運動、宣傳的最佳場所，曾熱鬧滾滾於一時。

民國六十八年，因校外人士在校門口廣場集會演講，為降低政治力的影響，乃在廣場設置三角形花圃，企圖以「自然」干擾政治，又興建圍牆「阻隔」政治。這些或許是

台北帝大時期的校門口（台大圖書館提供）

因為生來就是台大校門口，身世、背景特殊，才會從倭據到現在，各種「政治眼」都要關注此門。

但政治搞久了，讓人冷漠（激情已失）。二〇〇四年十一月，撤除廣場苗圃、降低圍牆，恢復校門口空間原貌，重新命名「大學廣場」（**University Promenade**）。

今天的台大校門口已少有激情的政治演出，取而代之是第一志願的象徵，每年的畢業、校慶、杜鵑花節……各樣的節慶，數百輛遊覽車，一團團參觀台大的國、高中生及外賓，都要進出這個小門。此門如宇宙間的「蟲洞」，穿過了蟲洞，就是不一樣的世界。這是筆者身為「台大校園志工」，每年杜鵑花節身穿志工服，坐在校門口的服務台迎接來賓，對此門的

帝大時期校門口

感動。

從彰顯統治者的政治意圖到成為社區交流介面，台大校方除降低圍牆，撤除花圃，也有一些溫馨的作法。增設座椅或方形石塊，提供可以悠閒、休息的等待空間。近年來在門口廣場的活動，也有單車、溜滑板，成為大學和社區互動的最佳交流界面，這是新時代大學和社區的新關係，這種新關係只能搞好不能搞壞，否則大學的整體形像會受損。再者，「門」是所有要進入者（訪客）的第一印象。

為完善校園與社區的交流介面，二〇〇五年底，學校在新生南路的側門設立訪客中心（NTU Visitor Center），扮演校園與社區的「中介者」，具有提供資訊、服務和導覽的功能。

以上是台大大門口空間從日據、戒嚴、解

台大校門右側・照片來源：翻拍自校門
口地下道看板・二〇一〇・二・二・
新生南路舊址1963

2003年臺大校門口景觀
(Aerial View of the Main Entrance, 2003)
1930年代臺大校園鳥瞰相片
(Aerial View of the Campus in the 1930s)

左圖：不同年代的台大校門口

下圖：校門入口後的轉彎

2010/05/15

照片提供：蕭慶良

2013臺大
臺大
敦品勵學
愛國愛人
1928創校

成立於2005年

臺大訪客中心
NTU Visitor Center

嚴到開放的不同時代，與政治、社區、環境，產生了不同關係。接下來要從「結構」上來說此門，結構和功能不同的，結構的不變性，功能和介面則多變性。

台大校門建於一九三一年，從倭據到現在未改變其結構，原是台北帝國大學的正門和守衛室。其左右對稱、碉堡外型，門柱上有典雅的燈座，使用的材料是唭哩岩石和北投窯廠生產的十三溝面磚。

台大校門從一九三一年至今，雖多次整修，並未更動基本結構，因深具歷史意義，故在一九九八年時，台北市政府指定為市定古蹟。台北帝國大學創校於一九二八年，為何到一九三一年才有門，難到三年間都沒有門嗎？根據劉子銘、楊松翰、蔡明達、劉建甫合著，《解讀臺大的82個密碼》一書研究，可能與下列原因有關。

（一）當時校區剛興建，在一片農田阡陌中，範圍界定尚不明確。

（二）許多校舍皆在施工中，工程車輛進出頻繁。

（三）在圍牆尚未完工之前，校門的興建，象徵意義大於實質意義，無實際防盜作用，同時也無實際教學研究作用，故興建順位被排在較後面。

（四）當時也可能以臨時性建物來作為出入校區的管制，之後因為興建現在的校門，而將其拆除。

進入台大校門前、後各有一個轉彎（見圖照彎道A、彎道B），這是倭據的原始設計。為何進門要有兩個轉彎？歷來在台大相關史料中，有三種說法。

第一種，最初設計為了傳達謙卑之意，於是將入口隱密。校區入口對外朝向西南方，進校內後轉向東方，象徵「帝國東昇」。此一轉折過渡讓校內外和人的心境產生轉變氣氛，個人在門外的弱小、無助、無力，故須謙卑、服從；進門後如見帝國東昇，更要服從，為國犧牲。

第二種「風水設計說」，轉彎使校內外在視覺上產生阻隔，站在校門口時，不能一窺校內建築群，這和住家設計原理相同，是一種玄關緩衝的過渡空間，有助於使人心情產生轉換。圖照的彎道A，進門後椰林大道向右轉彎，使校園和城市有緩衝帶，彎道B則是校門和廣場行車的出入口。

第三種是交通理由說，為使椰林大道與當時台北市南區主動線（今羅斯福路）銜接，於是有彎道A的設計。因為新生南路在倭據時期是瑠公圳水道，故椰林大道必須轉個彎，避開瑠公圳，使人車方便進出校園，不然大家天天要涉水而過了。

台大門牌地址是「羅斯福路四段一號」，但為何車由新生南路進出呢？根據研究（楊松翰等），兩排椰子樹延伸，接向羅斯福路，表示帝大時期出入動線確是以羅斯福路為主。然而，後來因羅斯福路交通流量日愈增高，瑠公圳加蓋成為新生南路，在台北市政府建議下，將入口改到新生南路，這是門牌號碼和交通動線不盡相符的原因。

從門牌、空間、動線觀察，很容易發現地方歷史的變遷，彎道A和B，也正好反映了新生南路的前世與今生，增加校園導覽的趣味性。

校門口「國立臺灣大學」六字是何人墨寶？左邊是落款已不清楚，這是一九四五年時的教育部長朱家驊的題字。

本站導覽解說時間：十五分鐘，可簡化到五分鐘。

第 2 站：傅園・傅斯年校長

導覽員解說完校門口的前世今生後，進大門右轉就是紀念台大第四任校長傅斯年先生的「傅園」。一進傅園，整個公館的熱鬧繁華立即消失，喧嘩的聲和影也立刻阻絕在外，進入一個完全不同於人間的世界，你好像瞬間就到了侏儸紀公園的感覺，這是身為導覽員要傳達給來賓的初步氣氛。而確實，小小一個傅園，與公館捷運、大街不過一牆之隔，有如此大落差的氣氛，只能說有些「詭異」。

原來傅園本來就是「樹木標本園」，因民國三十八年台大第四任校長傅斯年先生上任後，極力改革帝大舊制，如添置圖書儀器、增建教室宿舍、延聘優秀教授、積極改

傅故校長逝世前在省參議會報告

革校務等。不料就任未滿兩年，於三十九年十二月，在省議會接受質詢會議後（當時台大預算由省議會編制），高血壓引發腦溢血病逝，全校師生哀慟不已。感念傅校長對台大的貢獻，校方在樹木標本園加建傅先生的衣冠塚墓園，作為永久紀念，並將樹木標本園更名「傅園」。

傅校長墓園的典雅美景如附照片。斯年堂乃模仿希臘帕得嫩神殿（**Parthenon Temple**）設建，於一九五一年十二月二十日落成並安葬傅校長骨灰（如後附圖照），與一旁的方尖碑、噴水池等組成西洋古典建築群，造型典雅優美，透出莊嚴寧靜的氣氛。傅斯年校長的骨灰長眠於傅園，永遠與台大同在，這是校內唯一的骨灰塚。

導覽員領著來賓進入傅園，對園內豐富的植物群，定有訪客問起「這棵是什麼？」導覽員總不能始終說「莫宰羊」或「要問植物系教授」！多少得認識一些植物，若能深入些更好！

傅園內植物有：闊葉榕、刺桐、火焰木、刺杜密、咖啡樹、樹杞、魯花樹、楓香、錫蘭饅頭果、大葉雀榕、白千層、水茄苳、雀榕、正榕、大葉合歡、孔雀豆、港口木荷、圓果榕、第倫桃、槭葉翅子木、蒲葵、朴樹、鐵冬青、旅人蕉、台灣海棗、銀海棗、大葉桉、穗花棋盤腳、銀葉樹、白榕、白樹仔、台東蘇鐵。共三十二種，重要幾種如「傅園平面圖」，或詳參《台大校園自然步道》一書（林俶圭執行策畫、王力平等撰文）。

方尖碑

導覽員若能針對幾種珍貴「有趣」的植物介紹更佳，例如傅園入口處右邊第一棵是穗花棋盤腳，果實呈長橢圓形，有四個稜角，狀似棋盤的腳，故而得名。它在夏天夜晚才開花，一串串下垂的穗狀花序，散發濃烈的氣味，可惜花只開一個晚上，日出後就凋

謝懸垂，數日後留下遍地殘花及花序上宿存的萼片。

若來賓有較寬裕時間（半小時），導覽員應對傅斯年校長生平略為簡介。在台大第八任校長孫震先生（目前仍是台大名譽教授），他的一篇文章「從傅斯年思想轉變看傳儒學與現代社會」可參考，舉其第一段：

傅斯年先生於一九四九年一月二十日就任台灣大學校長，一九五〇年十二月二十日在台灣省議會備詢時以腦溢血病逝。

傅校長在短短一年十一個月中為台大建立教師聘任升級與新生考試入

傅斯年堂

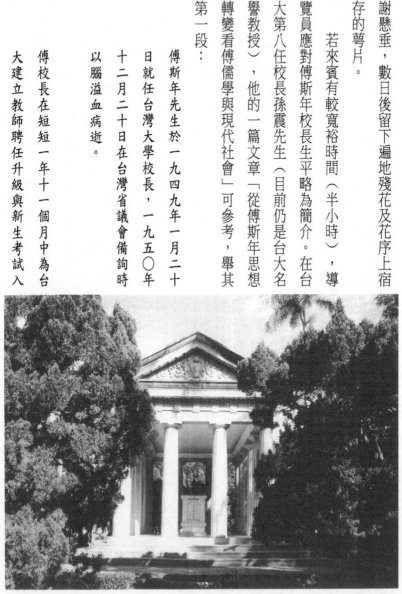

篆書「傅校長斯年之墓」

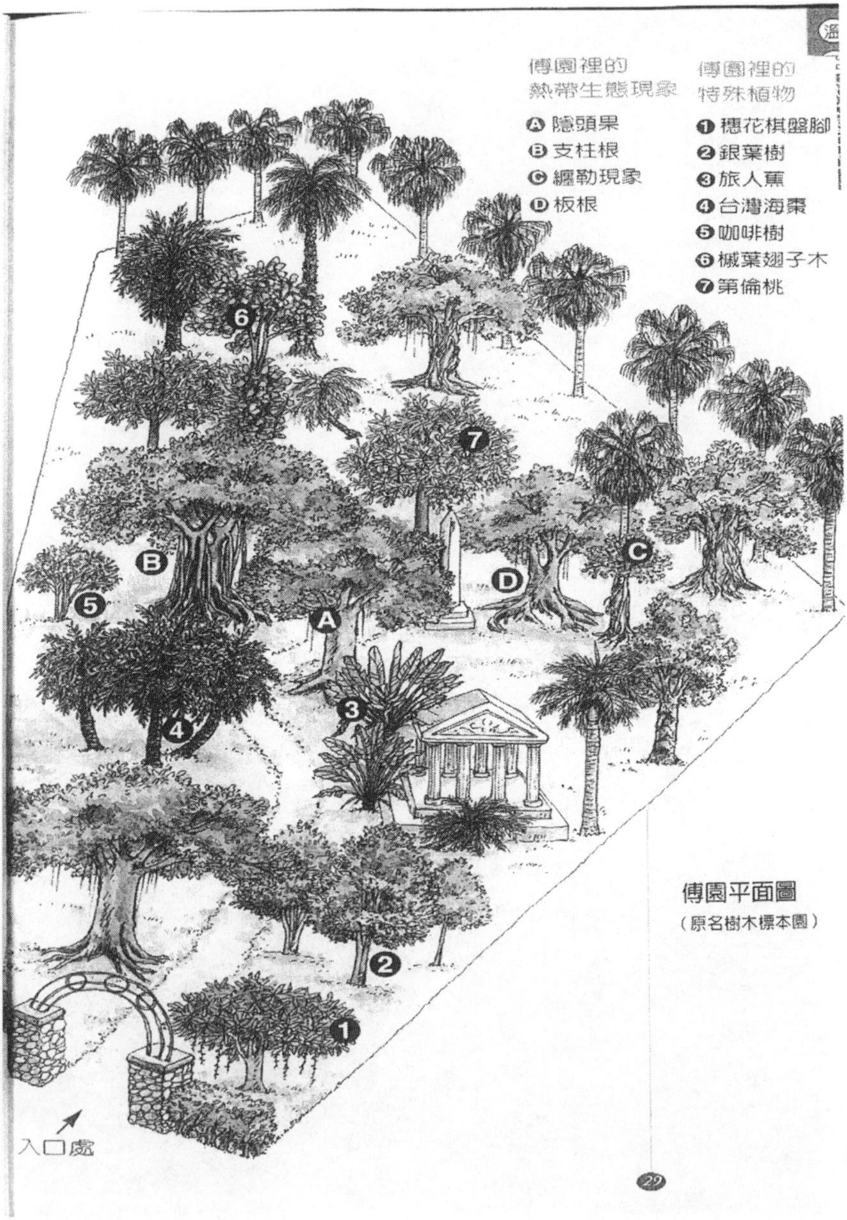
傳園裡的
熱帶生態現象
A 隱頭果
B 支柱根
C 纏勒現象
D 板根
傳園裡的
特殊植物
1 穗花棋盤腳
2 銀葉樹
3 旅人蕉
4 台灣海棗
5 咖啡樹
6 槭葉翅子木
7 第倫桃
入口處
29

傳園平面圖
（原名樹木標本園）

臺大精神

臺大「傅鐘」因傅斯年校長而得名，
它清越的鐘聲，
以二十一響迴盪在臺大校園中，
不斷的提示臺大師生：
時間寶貴，而且每天只能以21小時
從事各種活動，
但卻一定要留下三小時
作為沉思深化一己經驗與人格內涵的重要時刻。
「傅鐘」加上傅校長提出的「敦品勵學愛國愛人」校訓，
已成為臺大校徽，亦即臺大精神的核心。

from臺大出版中心網站

一九九八年臺大網站

鐘聲22響

1951. 12. 20.
安葬傅校長骨灰

安葬當時鐘聲55響

《傅鐘22響》(1980)：
一個人一天裡，除了工作、睡覺之外，還應該有兩小時思想的時間……

臺大精神

- 傅斯年校長曾慷慨激昂地寫下「**歸骨於田橫之島**」，最後，不僅歸骨斯島，並長眠在臺大校園，看杜鵑花花開花落，聽鐘聲伴著椰林的夕陽，永遠和臺大師生同在。

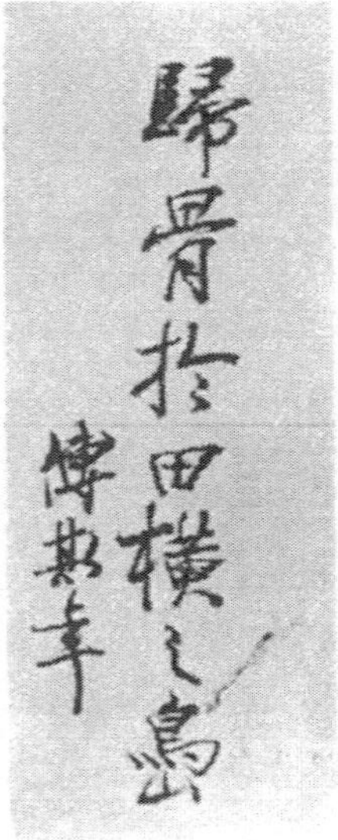

傅校長初到臺灣，應中文系黃得時教授之請，寫下的字幅。意思是他有點像秦漢之際，齊國舊王族田橫，不願意被漢所統一，率領五百徒眾，避居海上小島；但漢高祖劉邦非要見他，他只好接受，但在距離一天的路程上，他就自殺了。田橫表示漢高祖找他來，只是想看看他長得怎麼樣，所以叫人在他死後把頭提去給漢高祖，他自己絕對不會投降，不做漢朝的臣子；而留居海島者，聽聞田橫死訊，亦全壯烈自殺

所以傅校長認為他到臺灣來，就像「歸骨於田橫之島」，他是一輩子堅決反共的，一生追求真理、自由、民主。

傅園之斯年堂，安葬傅校長的骨灰。
（傅校長斯年之墓 / 1951年12月）
仿希臘帕德嫩神殿：方尖碑、水池、環狀步道、多立克柱式、由背立面漫步瞻仰…（參考：蔡淑婷2004年7月發表於校友雙月刊第34期的文章。）

臺大精神

授：

- 學術自主、自由校風
- 傅斯年校長(第4任，1949.1.—1950.12.)所奠基。
- 敦品勵學愛國愛人、我們貢獻這個大學于宇宙的精神
  傅斯年校長於第四次校慶大會(1949年11月15日)的演說重點與結語。

敦品！
力學！ 愛國！
愛人！

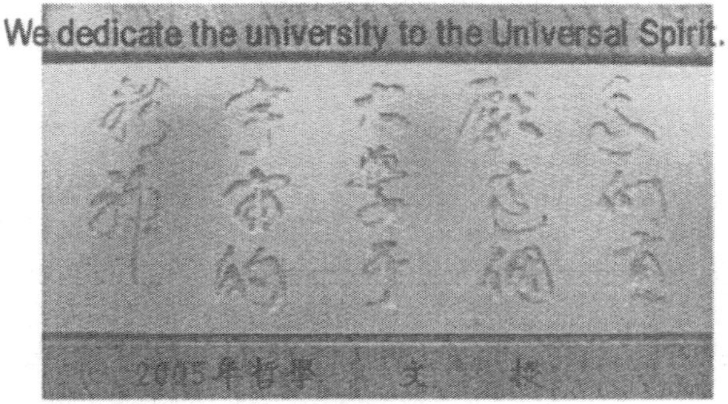
We dedicate the university to the Universal Spirit.

借用荷蘭哲學家斯賓諾沙「宇宙的精神」之理念，強調本校設立的目的在追求宇宙間一切永恆而無限的真理。

臺大精神

- 傅斯年校長在臺大僅700天，為何偉大？因為他極愛護學生，並且力抗校外干禦，建立許多制度：
  - 建立教師聘任升等制度　例如：學術著作審查（專門、有價值、重要）、持續學術研究或從事專門職業數年。即便是校長，也不能插手。
  - 建立新生考試入學制度，學生入學臺大，憑真本事，絕對不靠人情。為求考試公平性，慎防舞弊；甚至連由哪些人共同打開試卷彌封，都有規定。38學年度新生入學考試，臺灣第一次「入闈」印題。
  - 建立校務會議制度　學校重大政策與方針由全校代表共同議定。
  - 廣建學生宿舍，以及力保獎學金制度與獎助學金。
  - 排除外來政治干預，維護校園學術自主的精神。

臺大精神

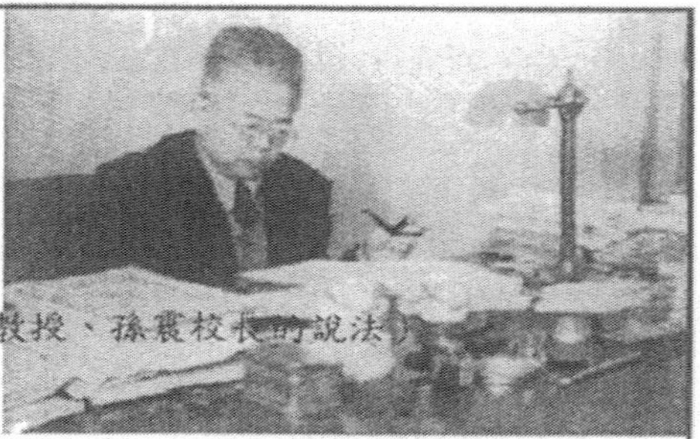

- 傅校長在臺大推動許多改革策略與措施，其中較具關鍵性的有以下四項：（參考黃俊傑教授、孫震校長的說法）
  - 大學精神重建
    傅斯年接掌臺灣大學，第一件事就是將日本殖民政府時代的**深具工具性的臺北帝國大學，改造成為以學術研究為目的的大學**。傅斯年針對臺北帝大之工具性角色而痛下針砭，呼籲大學應重其自主性，並提出「敦品」「力學」「愛國」「愛人」與臺大師生共勉。
  - 通才教育加強
    傅斯年的教育改革原則非常強調大學的專業訓練與通識（他稱為「通才」）教育之間，應取得平衡。特別加強大學通識教育，對於**大一共同必修科目**的教育尤其重視。
    「我大膽向諸位先生提議，我們要在一年半之內，集中精力，改進本校各種通習科目，建設本校的教育制度……」，。
  - 堅守學術專業，提升臺大師資水準
    「臺灣大學以前請教員甚濫，確是事實，但自我到任以來，**提高標準，限制兼職**……我請教員，當然要依據標準，依據專業之精神……**招賢納士與辦學不能合為一事，國家要如此，可以另設機關，學校若如此，必糟無疑。**」
  - 推動自由選課制度，發展臺大各學院特色
    在取消講座制度之後，傅斯年為落實歐洲大學教學自由的精神，主張讓臺大六個學院依其學術特性而各自發展。各學院大一及大二修讀必修課程，文法學院三、四年級則充分選修，理、農、工、醫等學院則參酌自由選課之精神排課，因為**學生若無選課之自由，就不成其為大學**。

學等重要制度，台大至今沒有一位老師或學生可以憑藉人情、勢力，不經客觀、公平的評審或考試進入學校。當時台灣經濟落後，民生困苦，加以眾多青年學子隨政府撤退來台，失去家庭接濟，傅校長在窘迫的政府資源中，爭取經費，興建學生宿舍，廣設獎助學金，讓窮學生可以安心讀書。他也力拒外來政治勢力的干預，維持台大學術獨立與自主，使台大在自由的學風下追求卓越。

傅先生一生以從事學術研究為職志，絕意仕途，也不願擔任教育行政的領導人。一九四五年抗日戰爭勝利後，蔣中正提名他擔任北京大學校長，他致書婉拒稱：「斯年賦質愚戇，自知不能負荷世務，三十年來讀書著述之志，迄不可改。」他向蔣公推荐胡適，自願在胡適返國前代理校長。然而一九四八年底國民政府在國共戰爭中已呈敗局，前途未卜，他竟於高血壓宿疾初癒之際，慨然應允出任台大校長。一九五〇年十二月二十日下午他在答覆省議員郭國基的質問後，回座坐在教育廳副廳長謝東閔身旁，說了他人生最後一句話：「I am very tired.」，隨即昏迷，群醫束手，終告不治。他初到台灣時，應中文系黃得時教授之請題字，寫下「歸骨於田橫之島」，一語成讖，可以說「求仁得仁」。傅先生生於一八九六年三月二十六日，在世不到五十五年。他是最為台大人稱道、也是台灣最負盛名的大學校長。

針對傅校長的行誼、節操介紹是一種方式，但吾以為最重要的是他和台大的關係，何以他的精神能與台大恆久長存？何以獲得台灣最高學府師生教職員永遠的懷念？何以有幸歸骨於「傅園」這塊寶地？在《二〇一二臺大校園志工．訪客中心志工特殊訓練手冊》，有五張「台大精神」資料片（掃描如附），正可以說明傅斯年和台大的關係，「台大精神」等於是傅斯年校長建立起來的。

傅校長初到台灣，應中文系黃得時教授之請，寫下「歸骨於田橫之島」。最後，不僅歸骨斯島，並長眠在臺大校園，永伴師生，看杜鵑花開花落，他的訓勉「敦品、勵學、愛國、愛人」（Integrity，Diligence，Fidelity，Compassion），永遠成為台大人自我勉勵的座佑銘。（註：民國三十八年第四次校慶，傅斯年校長演說的重點，後成台大校訓，當時是「力」學。）。

本站導覽解說時間：半小時，可簡化到十分鐘。

第3站：一號館，兼說二、三、四編號館

△台大建物×館號命名的由來

走出傅園，右邊椰林大道第一棟建物是「一號館」，在許多台大史料、圖片等古老的文獻上，常提到第一、二、三號館。第③站雖以一號館為主，但因各編號館有必要一併說明，方便導覽員隨機介紹，故均一同兼說。

檢視校區帝大時期所有平面圖，從昭和三年開始，圖上標示建物名稱，如生物學教室（一號館）、理化學教室（二號館）、化學教室（三號館）等。但到昭和十四年（一九三九年）八月的《臺北帝國大學平面圖》，首次出現「理農學部一號館」、「理農學部四號館」等稱謂。

根據《解讀台大的82個密碼》一書研究，編號並無特定原因，也並非有系統的編號，

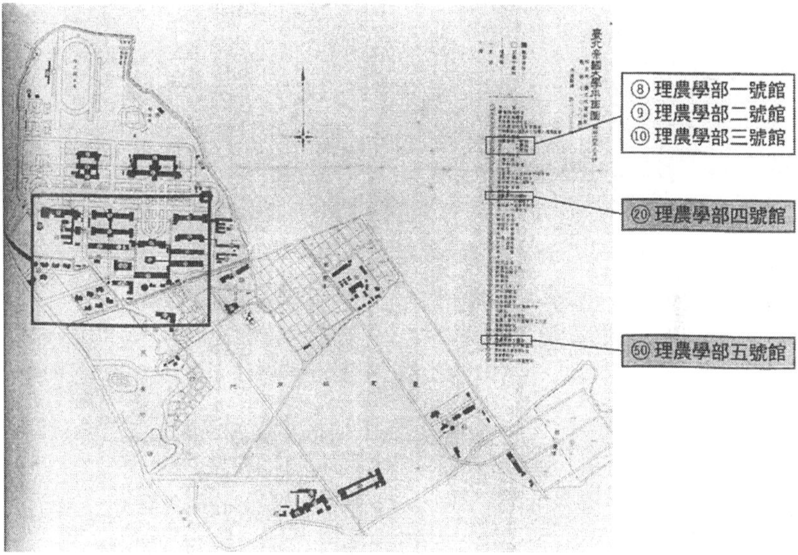
⑧理農學部一號館
⑨理農學部二號館
⑩理農學部三號館
⑳理農學部四號館
㊿理農學部五號館

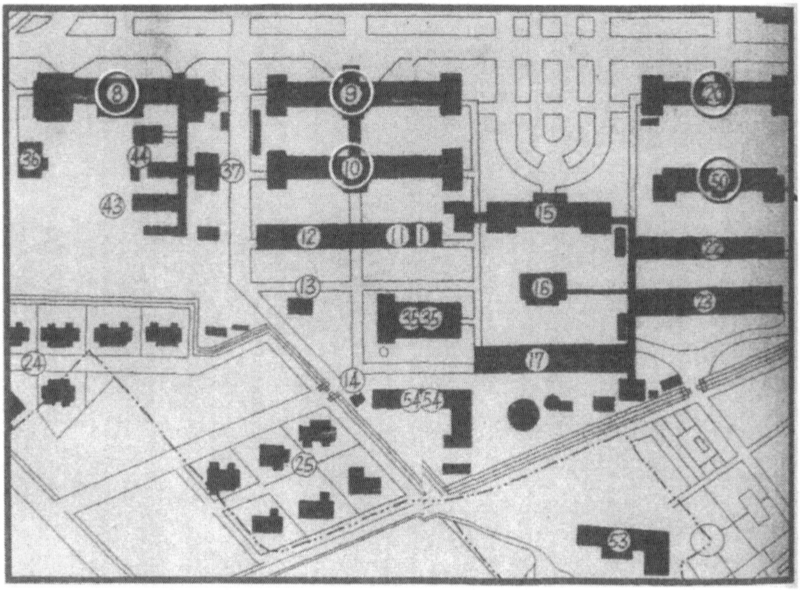

昭和 14 年的臺北帝國大學平面圖，首次以「X號館」的方式試標註。
（國立臺灣大學圖書館藏）

按完工年代，一九三〇年九月，四、五號館先竣工，再是一號館，最後才是一九三一年完工的二、三號館，可見並非按年代排序編號，推測只是戰爭時期的方便用法。

△一號館：從理農學部到戲劇系、植病系、標本館

一號館雖位於校門口椰林大道旁，但常被導覽員略過，或只說「這是一號館」就匆匆走過。裡面的溫室、漁房、植物標本館等，都是歷史走過的腳印。

從正面看，一號館與其他館最大的不同，是以左右門廊取代中央門廊，分別座落於東西兩側的門廊，表示各自獨立的動線和不同的空間利用。

一號館在一九三〇年完工後，本來做為帝大的生物學教室，一、二樓的東、西兩側，用於植物學和動

以左右門廊取代中央門廊的一號館。（照片提供：央圖臺灣分館）

物學兩個講座，三樓用於植物病理學講座。因此，在建築設計上，才會安排左右兩個門廊，使進出動線不會相互產生干擾。台灣光復後改制台大，仍維相同的空間利用，在我的記憶中（民國83—88年），一號館走廊上曾經放滿各種動物標本，凡走過就會看到一大堆「動物」，包括吊在天花板上的鬚鯨和齒鯨骨骼、各種鳥類等，那是很奇妙的感覺，我和牠們同是動物，也一樣是生命！

直到一九九八年，動、植物系所各研究室逐漸遷到新落成的生命科學館，戲劇系所才遷入一號館使用至今。

植物標本館在一號館和女五宿舍之間，含有植物標本館、烤房、倭據時期庭園、臺北濕地植物區、蕨園及一棟早期的玻璃溫室。本館創建於一九二九年，針對台灣、東南亞、太平洋島嶼等地區，進行植物調

臺北帝大理農學部生物學附屬硝子室，從這張照片可看到溫室在八十多年前的模樣。（照片提供：央圖臺灣分館）

近看一號館入門口

遠看一號館大門外

查和採集。至今，館藏標本達二十七萬份以上，包含植物學上最珍貴的模式標本一千多份，更有最具特色五十年前採集的高價值標本六萬份。

一號館內，仍保有倭據時期之教室原貌，有當年實驗用的大水槽，據聞倭人曾在此進行過人體試驗，甚至毒氣試驗（把人關入室內放毒氣，實驗毒氣的功效。）這是很可信的，從倭人在我國東北大規模進行人體試驗，可推知在台灣一定照幹，否則「空穴」如何起風？所以本書一律稱「倭人、倭據」，不稱「日治、日據」，廿一世紀的中國人、台灣人必須有此覺悟，絕不能「不知道自己是誰？」！這種理念導覽員也應該向訪客傳達！

一號館後方是漁房、溫室等，採坪頂式屋

日據時期一號館（理農教室）

頂、紅磚砌建的漁房比帝大更早存在，原是魚類養殖實驗的地方，後來成為動物系班級特有的交誼空間。

△二、三、四號館：今物理、農化、園藝係館

編號二、三、四號館，都在椰林軸線區，按台大建築與城鄉研究所《台大管有之殖民時期建物及宿舍調查研究報告》一書（二〇〇三年、未出版），此三館都興建於一九三一年，在《解開臺大的82個密碼》則說，四號館和五號館（帝大農業土木系、今農工系館），均完成於一九三〇年九月，恐係年久的誤差。

二、三號館雖在椰林大道上，因被古蹟、老樹環繞，並不很顯眼，但曾有世界級的研究成果，有國寶級技師的故事。

帝大時期二號館為理化學教室，提供物理學、土壤學、化學與地質學講座使用；三號館全部用於農化學講座為主要使用。當時椰林大道南側的一、二、三號館，皆採三層

植物標本館在一號館內

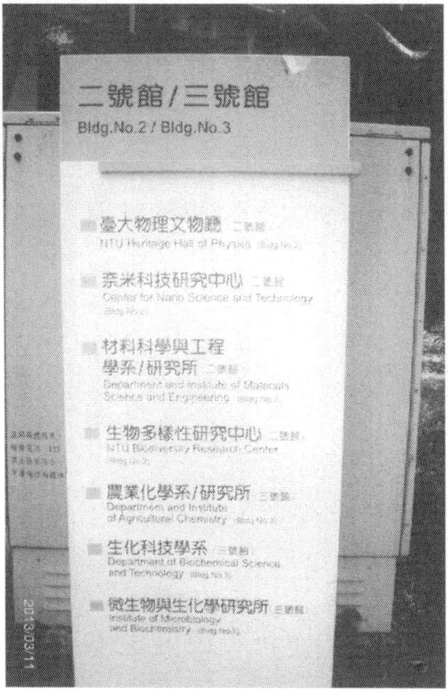
二號館/三號館
Bldg.No.2 / Bldg.No.3
臺大物理文物廳 二號館
NTU Heritage Hall of Physics
奈米科技研究中心 二號館
Center for Nano Science and Technology
材料科學與工程
學系/研究所 二號館
Department and Institute of Materials
Science and Engineering
生物多樣性研究中心 二號館
NTU Biodiversity Research Center
農業化學系/研究所 三號館
Department and Institute
of Agricultural Chemistry
生化科技學系 三號館
Department of Biochemical Science
and Technology
微生物與生化學研究所 三號館
Institute of Microbiology
and Biochemistry
2013/03/11

物理學系
生化科技學系
2013/03/11

2 號館正門口

2 號館

3 號館門口

樓構建，並帶仿羅馬風格的折衷主義式建築（eclecticism），外牆採褐色的十三溝面磚，共同營造校園的整體氣氛。

一九二八年台北帝大的物理學講座，由荒勝文策教授主持，荒勝曾在英國凱文迪西（Cavendish）實驗室學習，並曾和愛因斯坦學術交流。

一九三二年，凱文迪西實驗室首次完成以人工加速帶電粒子撞擊原子核，開啟人類探索基本粒子的新紀元。帝大的荒勝教授帶領他的團隊，也在一九三四年完成全亞洲第一次原子核撞擊實驗，轟動全世界。二戰末期的原子彈改變了世界版圖，倭國的研究設備（主要是加速器）被丟入海中，而台大這座加速器在首任物理系主任戴運軌教授堅持下，持續運用研究。由前荒勝團隊成員太田賴常帶領許雲基、周木春、林松雲及許玉釧等人，在一九四八年再次實驗成功。

倭據時期的2號館（央圖台灣分館提供）

爾後，許雲基教授團隊再研發，在林松雲、許玉釧兩位技師的努力下，發展出達世界水準的碳十四定年法、全台第一台二進位計數器等，均是台灣學界之先鋒。

目前這些創造歷史的寶物，在許雲基、張幸真、林松雲、許玉釧及年輕一代台大人的努力下，在二號館一樓成立「物理文物廳」，於二〇〇五年十一月二十一日開幕展示，重現原貌。

台大物理文物廳包含有原子核物理、普物實驗儀器展示廳、早期實驗儀器展示室及科學走廊。

在二號館內，曾有「轟動世界、驚動亞洲」的科學研發，巧的是，現在的二號館也有「奈米科技研究中心」，遲早再創科學「神話」，

今三號館內的生科系

四號館門口

遠看四號館

我們拭目以待。

三號館是早期帝大校舍之一，磚牆與RC樑柱結構，與物理系館間之穿廊空間別具特色，目前是農化系館、生科系等。

沿椰林大道過行政大樓，就看到四號館，與五號館農工系館連接之穿廊，較二、三號館間穿廊興建較晚，目前園藝系館使用，部份空間農藝系倉庫。

本站導覽解說時間：以一、二號館爲主約半小時，可縮短到十分鐘，或單獨導覽物理文物廳。

第4站：傅鐘，台大精神的象徵

在我的人生記憶印象中，對於「鐘」，最著名又最能觸動人的心情，是寒山寺的鐘，來自一首詩。話說我國大唐時代安史之亂後不久，詩人張繼到了蘇州，感傷之餘寫出千古名詩「夜泊松江」（後人把詩題改成「楓橋夜泊」），這是一首七絕：

月落烏啼霜滿天，江楓漁火對愁眠；
姑蘇城外寒山寺，夜半鐘聲到客船。

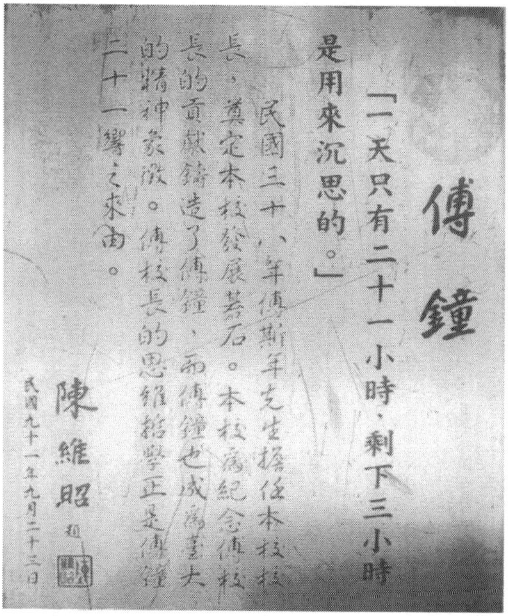
傅鐘
「一天只有二十一小時，剩下三小時是用來沉思的。」
民國三十八年傅斯年先生擔任本校校長，奠定本校發展基石。本校為紀念傅校長的貢獻鑄造了傅鐘，而傅鐘也成為臺大的精神象徵。傅校長的思維哲學正是傅鐘「二十一響」之來由。
陳維昭 題
民國九十一年九月二十三日

偏偏倭人也特別迷這首詩，八年抗戰時倭人到了蘇州，就「拿走了這個鐘」，其實是偷（搶）走了。

第二知名又深刻而讓人觸物生情是台大「傅鐘」，導覽員如何介紹傅鐘，張繼的詩或許是一個引子。

所有在第②站「傅園」介紹有關傅斯年的行誼、貢獻，都能在這站講述，所以本站導覽時間可長可短，本站的重點是傅鐘的來源、意義和代表的台大精神。

傅斯年校長於民國三十九年出席省議會（今南海路美國文化中心）備詢，上台回答質詢後，因高血壓引起的腦溢血，延至晚間病逝。

後校務會議決以先生在校慶上之演說議題，為台大校訓「敦品勵學、愛國愛人」，並

民國 60 年 4 月中，台大發起保衛釣魚台抗議遊行，
並選擇傅鐘為絕食靜坐處

由國防部兵工署熔鑄傅鐘，成為台大精神象徵和自由校風的守護塔。前方的空地也成為神聖的集體場所，民國六十年四月，台大發起保衛釣魚台抗議遊行，以傅鐘為絕食靜坐處。

每節上下課，傅鐘都會敲廿一響，源自傅校長的名言：「一天只有廿一個小時，剩下三個小時是用來沈思的。」民國九十一年九月二十三日，時任校長的陳維昭（第九任）在傅鐘下，立一「傅鐘碑」以示紀念。

台大人名片都要印上台大精神圖騰

傅鐘和椰子樹（校樹）因對台大具有重要啟示意義，故也成為台大校徽、校旗（均如附印）的圖騰，圖案中加上梅花布局，乃融合我國立國精神和文化傳承之精蘊，亦台大人精神之核心價值。

台大人不論教職員生等，印名片時也喜歡附印校徽在名片上，盡管圖樣有異，但精神則一，可見傅斯年、傅鐘、校徽，雖只是象徵意義，在台大人心中仍有崇高地位和價值。

傳鐘周邊也是來賓喜歡小憩、閒坐、拍照的地方，附近有老樹、水池、行政大樓、文學院可以做背景。傳鐘下的彩色面磚，正好與台大校徽合影。有來賓會問起校徽中三種圖案元素的意義，導覽員要能略為簡說，不能答「要問教授了」。

校訓：敦品勵學，愛國愛人。

傳鐘：作息有序，聞聲惕厲。

椰樹：十年樹木，百年樹人。

梅花：立國精神，文化傳承。

在所有各種器物所發出的聲音中，鐘聲最能引人頓悟、啟蒙或警惕，故寺院都有鐘鼓等物。我在台大校園散步，每聞鐘聲，如聞「有情說法」，心中生出寧靜平和氣息，就能感受到人生的美好。

學校象徵－校徽

校徽圖說：

本校歷史悠久，黌舍宏開，師資優良，設備完善。創校以來，多所育成，對國家社會貢獻匪淺。為發揚光榮傳統，並開示來者，爰將本校之作育目標與立校精神，融會於校徽之中，俾全體師生知所勗勉。

一校訓：「敦品勵學、愛國愛人」為立教之根本，修身之準則。

一傳鐘：作息定時，生活有序，俾聞聲惕厲，精進不已。

一椰樹：十年樹木，百年樹人。步康莊大道，養恢宏志氣。

至若圖案中之梅花布局，藍白設色，及雷文邊緣，乃融合立國精神與文化傳統之精蘊，庶臺大人之三復斯義焉。

校徽中的大王椰樹是抽芽的。這是專案小組同仁細心觀察後的建議，象徵學校的生生不息，頗有畫龍點睛之妙。

本站導覽解說時間：視來賓有無到傳園決定，可視情況增減，平均約十五分鐘。

學校象徵－校旗

五 校旗 風雲招展

《臺大五十年》（民國八十四年）：
本校校旗係有校徽後始[?]設計製作，
藏青色為地，中置校徽。

學校象徵－校旗

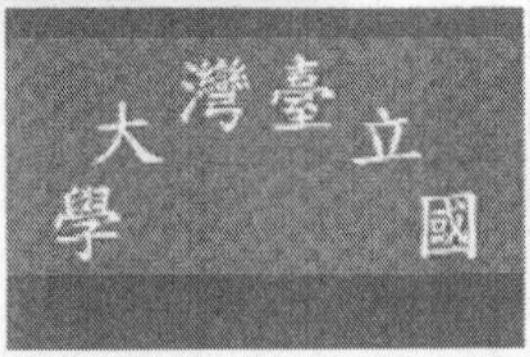

1950年3月26日，38學年度第2次校務會議，討論事項九：
製定本校校旗樣式請決定案（校長提）
決議：照行政會議通過之樣式通過（綠底白字，字用楷書）。

當時校長是：傅斯年

第5站：行政大樓的前世今生

行政大樓比台大還老九歲，原是「台灣總督府台北高等農林學校」（中興大學前身）校舍，故風格和帝大建築不同。正門入口處有科林新柱式（Corinthian Order），於一九九八年被指定為古蹟，是重要文化資產。

農林學校創建於一九一九年，原暫設在師範學校內（今台北師院），其後改設於舊總督府廳舍，一九二二年升格為「高等農林學校」，將校地計劃訂在富田町（現台大校本部）的廿一甲地，開始興建校舍和遷入計畫。至一九二七年校名改成「台北高等農林學校」，一九二八年三月三十一日廢校，同日帝大誕生。

帝大時期理農本部大樓即今日的行政大樓

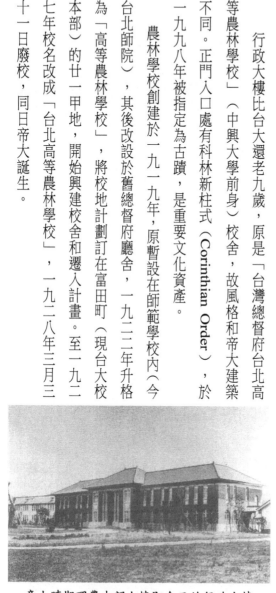

行政大樓落成一九二六年（大正十五年）三月三十一日，科林新柱式是義大利文藝復興後期的典型風格，使用的紅磚叫「清水磚」，為一種特別技術燒制的磚，磚色均勻、外型方整、質地優美，不需粉飾就能表現樸實、素淨、典雅之美感。

行政大樓的位置也有一些演變，因行政大樓本是總督府台北高等農林學校的「本部」（校級行政中心）。一九二八年，帝大成立後，改為「理農學部及農林專門部本館」。起初，帝大的行政中心在總督府內，可見其做為殖民及準備南侵的角色和定位，帝大的「工具性」甚為明確。

從昭和三年《臺北帝國大學一覽》可知，當時打算在大門口旁（見附圖「臺北帝國大

大正 15 年興建的行政大樓。（照片出處：榕畔會史）

行政大樓在昭和 2 年時的風貌。（照片出處：榕畔會史）

今（2013 年）的行政大樓前

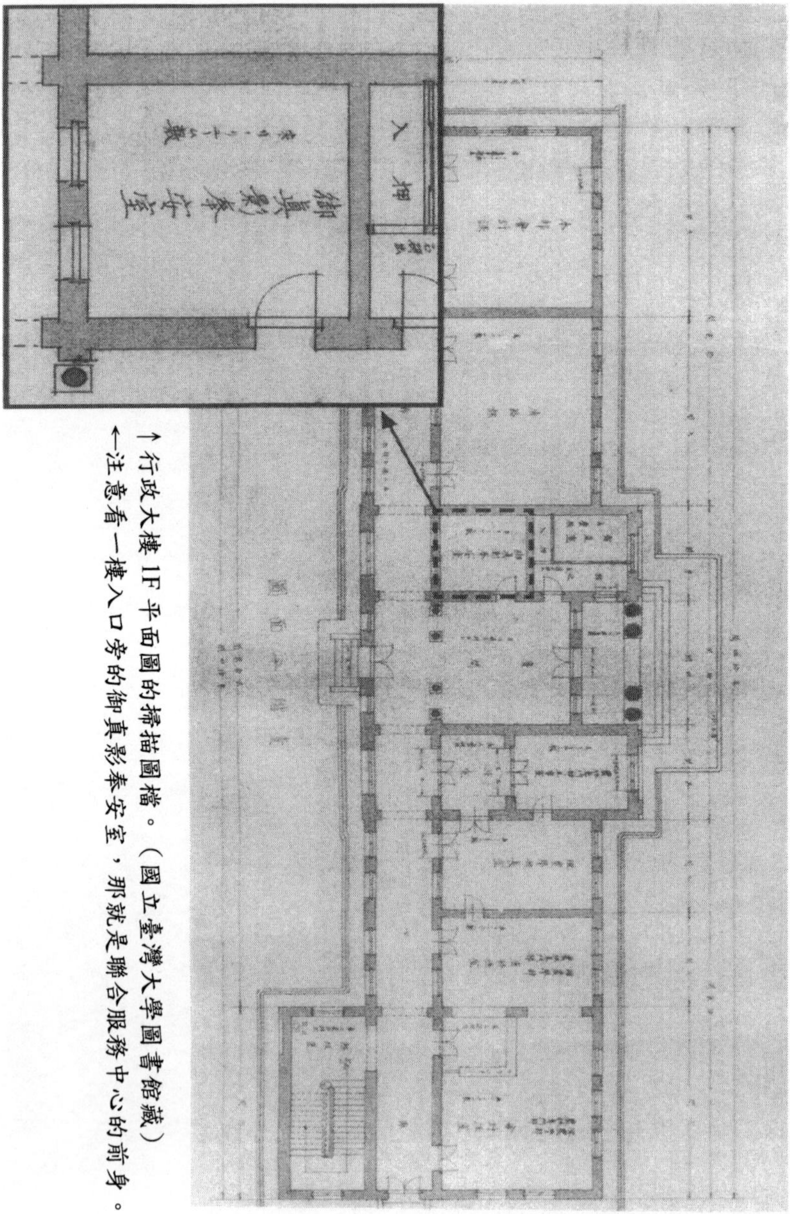

↑行政大樓 1F 平面圖的掃描圖檔。（國立臺灣大學圖書館藏）
←注意看一樓入口旁的御真影奉安室，那就是聯合服務中心的前身。

學平面圖」，今洞洞館建群位置），興建單棟的「本部」。此時，因各校舍（文政部、圖書館）正在動工，故行政空間先寓於「理農學部及農林專門部本館」內。但帝大以興建教室為優先，當其他建築一棟棟完工時，本部仍是「計畫中建物」，直到二戰結束。行政中心就始終在原地未曾移動，現在的校長室是帝大的總長辦公室，一樓學務長室是理農部長室，農林主事都在一樓。

行政大樓入口處右邊有一「御真影奉安室」（看平面圖），放倭人天皇照片，立神位，進出者要先到此鞠躬。這裡現在是「聯合辦公室」，每天有志工在此服務值班，筆者自民國八十八年從台大退休，也在這辦公室當志工，物換星移，現在進門不要鞠躬了，真是風水輪流轉！

行政大樓中庭的「第一會議室」，帝大時是「控室」（教師休息室），後成校內最早的福利社，裡面賣的茶葉蛋是早期台大人的共同記憶。

本站導覽解說時間：約十五分鐘，來賓趕時間可縮短成五分鐘。

第6站：鹿鳴廣場

鹿鳴廣場已成為師生、職員、社區居民、幼稚園小朋友共同享有的寧靜又熱鬧的開放空間。教室、小小福、洗衣部、理髮部、中西式餐廳、咖啡亭、便利商店等，尤其中午常有小型劇團表演，形成一個小小的生活藝術又和諧的空間，大學和社區關係的美好，鹿鳴廣場具有指標性的意義。

鹿鳴廣場周邊也具有深厚的歷史文化意義，鹿鳴堂、共同教室、共同三松、舟山路、六、七號館、瑠公圳水源池、地質博物館、

生命科學館（含裡面的動物博物館）等，都是很有吸引力的導覽點，略說之。

僑光堂、鹿鳴堂、鹿鳴廣場

鹿鳴堂原稱僑光堂，建於一九六七年，為現代造型兼具古典傳統風格之現代中國建築，本由行政院僑委會使用，每年雙十國慶接待僑胞的主要場所。一九九六年台大收回後，借引詩經小雅「鹿鳴」篇之意，更名為「鹿鳴堂」。經逐年整修、周邊環境改善，目前已成完善生活機能，裡面有各式餐館、雅座，附近空地則常有藝文表演、義賣活動等，賦予廣場嶄新而青春的氣息。

鹿鳴廣場的設計，對校總區的地緣整合也具有重大的「戰略意義」。原本台大校總

「鹿鳴廣場」得名於鹿鳴堂

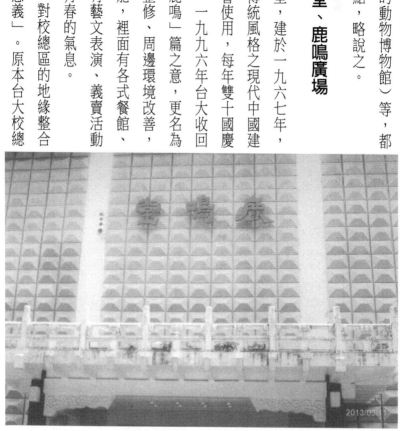

區被筆直的舟山路斜切成南北兩個校區，在臺大收回舟山路成為校內道路後，藉由景觀道路與開放空間的安排，縫合南北兩個校區長期以來的隔離，鹿鳴廣場居功至偉。

保甲路、基隆路、舟山路

在農林學校和帝大尚未建校前，本地區全部是農田（清代尚未割倭之前），舟山路只是一條田間無名小路，或習稱保甲路，屬於頂內埔庄範圍。

倭竊時期，這地區改叫富田町，各種現代設施逐年形成，為交通需要，開了一條通往六張犁的交通幹線，即今日舟山路和嘉興街的前身。

一九四五年時這條路拓寬為「基隆路三段」，只是一條碎石子路面的單行車道。一九六二年，長興淨水廠開工，新闢長興街接通本路，才有了柏油路面。到了一九七一年，

舟山路舊照。（照片提供：廖守義先生）

再拓寬並連接福和橋的「基隆路」，「舊基隆路三段」乃改名為「舟山路」。現在舟山路邊立碑（如附照）紀念，這是一條小路的命運，而命運尚無結局。

主要車流雖不再進入校園，但臺大為了安全在舟山路設置圍牆。圍牆是造成空間隔離、人我疏漠的元凶；而在交通尖峰時刻，仍有不少車輛走捷徑快速馳過舟山路，對校內行人、腳踏車都是潛在的危險。

這個問題經臺大學生會、校方長期與台北市政府協調，終於在一九九九年十二月三十一日由市府公告舟山路廢道。過程中，臺大學生會長陳進男出力甚多，在各方有了共識中，在基隆路校邊土地退縮三點六四公尺無遮簷人行空間完成後，臺北市政府於二千年八月五日起封閉舟山路，臺大正式收回成為校地的一部份。

收回舟山路後，臺大開始著手拆除圍牆、綠化、汽機車退出等協調工作，二〇〇二年成立「舟山路、瑠公圳整體規劃推動小組」，先後鹿鳴廣場、小小福、水源地、小橋、農場造景，及在原有兩側高大欒樹群中新植欒樹苗，逐年完成。到二〇一〇年夏，舟山路改造全部完工，現在是公館地區最美的一條景觀步道。

瑠公圳水源池（另詳參下篇「瑠公圳」站）

瑠公圳在清代時，其大安支線流經臺大校本部，圳路經過水源池、椰林大道上的南方人文研究所舊址、土木系、小福、化學系（已拆）、醉月湖，自女八、九宿舍邊出校區。

從帝大到臺大數十年發展，圳道大多因建築被填平，目前只剩兩處明顯的遺跡（水源池和醉月湖）。二〇〇一年時，在甘俊二教授等人提議下，校方開始進行「瑠公圳大安支線臺大段復育計畫」，於二〇〇四年完成第一階段工程——瑠公圳水源池。採生態工法設計、施作，可謂都市叢林中難得一見之綠水清泓。

據聞，臺大從原本封閉的學術重地，漸漸打破和社區之間的藩籬，轉型成居民重要的休閒空間，

瑠公圳水源池旁的「意象碑」。

水源地是重要關鍵之一。（臺大訪客中心的說法）若你到此散步一回，感受一下氣氛，當能理解此說甚有道理。

現在，任何例假日都可見鹿鳴廣場的人潮，在餐後沿舟山路走過生命科學館到水源池。因在農場邊，擁有豐富的植物相，池中有不少動物居民，烏龜、紅冠水雞、夜鷺、斑紋鳥、喜鵲、小白鷺等，成為生態保育的自然教室。

六、七號館、共同教室、共同三松

臺大在帝大時代，五號館後方的兩幢建築物（今共同教室所在位置），原是農林學校時期興建的兩排木造建築。農林學校廢校帝大成立後，這兩排木造屋由「臺北帝國大

瑠公圳水源池旁的「意象碑」。

學附屬農林專門部」使用，故並未納入編號。到一九四二年，農林專門部脫離帝大，改為「臺灣總督府臺中高等農林學校」，並於該年遷到臺中，才納編為六、七號館（如附圖），就是現在共同教室之前世。

兩排木造屋在光復後台大仍延續使用，一九六一年時，七號館（見圖）成為美國人學習中文之重鎮，即「史丹福中心」（今日國際華語研習所的前身）。之所以叫「史丹福中心」，與當時的國際情勢有關。

二戰、韓戰後，美國居於軍

臺北農林高等學校時期的主要建築群，圖右兩排長條的建物即六、七號館。（國立臺灣大學圖書館藏）

事和政治考量，將中文、日文、俄文及阿拉伯文視為重要語文。一九六一年，以加州史丹福大學為代表的美國各大學，和臺灣大學合作成立「史丹福中心」，開始送學生來臺灣學中文。

一九八三年，拆除六、七號館，興建共同教室，史丹福中心遷到新生大樓五樓。一九九七年，史丹福中心由臺大接受，改名「國際華語研習所」，現在於辛亥路旁的語文中心內。一個小教室的「生滅」，背後有大國際社會的變遷歷史，甚至人間「成住壞空」的實相展演，你覺得呢？

六、七號館改建成共同教室有特殊之意，它是第一批依照臺大校園規劃原則興建的建築。一九八三年是有五棵琉球松（推測帝大建校時所植），共同教室施工時，工人將廢土、廢水傾倒在樹根部，還在樹下溶解瀝青，導至樹木生病，經園藝系緊急搶救，才挽回三棵。

共同教室旁的「共同三松」。

多年來共同教室和三松已成「生命共同體」，是許多人的一部份回憶。尤其鹿鳴廣場規劃完成後，三松附近也成為學生、社區居民的重要活動場所。

共同教室和三松的關係，尚有一「小事」深值現代人學習和思考反省。共同教室設計成L型，是建築師設計群為了保護樹木的用心，對松樹「讓地」讓空間，使樹木有空間可以長大。這是三十多年前，臺大就有的「先進」思想，現在還有很多要蓋房子就砍樹，都深值反省。

地質標本館

在鹿鳴廣場周邊，還有兩個值得參觀的景點：地質標本館和動物博物館，分別典藏著倭據至今的地質和動物標本，導覽時可視來賓需要，針對「博物館群」或配

共同教室前琉球松小時候的照片，圖中為帝大學生進行量測實習。（國立臺灣大學圖書館藏）

合其他站景點。

地質標本館在臺大地質系館旁，內部屋樑以臺灣檜木為材料，屋脊上的圓柱形天窗、黑瓦及兩旁的五邊型長窗是典型的倭式建築特色，經七十多年至今仍完好如初。

標本館藏有大量珍貴標本，包括化石、礦物、岩石標本，總數三千五百件以上。

地質系館前的「石頭公園」，將臺灣不同區域所產岩石，依產地方位擺設也是一大特色。中庭的兩株是珍貴的活化石：銀杏和水彩。

動物博物館

在鹿鳴廣場旁，矗立著十三層高的大樓，是臺大生命科學館。其一樓入口左側直通動物標本館，自倭據時期這些動物標本一直擺放在一號館，一九九九年

地質標本館

與動物系同時遷到新建的生命科學館，並開放各級學校和校外民眾參觀。

動物博物館成立於一九二八年，至今總館藏超過兩萬件，包括哺乳類、鳥類、爬行動物等。還有俗名「美人魚」的儒艮，以及馬來貘、亞洲象、食火雞大型動物。

問一個小密，鹿鳴堂、鹿鳴廣場，已知取詩經小雅中鹿鳴之雅意，並示宴賓分享之喜，尚有何要意？我國唐代州官宴請新科舉人所設之宴會，就稱「鹿鳴宴」。今設在臺灣第一志願大學裡，寓意甚深！

本站導覽解說時間視來賓參觀方式而定，一種針對博物館群，則每館約二十分鐘，若只看一館時間可久些。另一種配合各站動線，經過鹿鳴廣場，約簡略十多分鐘說明，留給訪客一些自行參觀的時間。

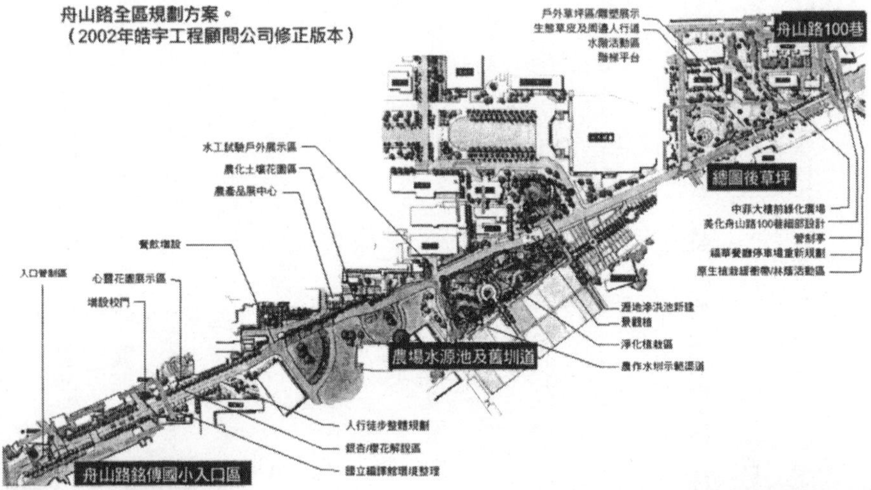
舟山路全區規劃方案。
（2002年皓宇工程顧問公司修正版本）
舟山路100巷
總圖後草坪
農場水源池及舊圳道
舟山路銘傳國小入口區
水工試驗戶外展示區
農產品展中心
人行徒步整體規劃

台北市銘傳國民小學
Taipei Municipal Mingchuan Elementary School
銘傳
2013/04/05

舟山路入口旁的小學

第7站：椰林大道的歷史變遷

椰林大道的規劃種植是在一九三二年才開始的。換言之，臺大是建校三年才興建大門口（一九三一年），創校四年後才有椰林大道的雛形，如今椰林大道是最多臺大人難以忘懷的美好意象，椰樹也是構成臺大校徽的三種圖案之一（另兩種是梅花和傅鐘）。可以見得，椰林大道對每個臺大人有重要意義。乃至多年來，不論臺大人或非臺大人，其婚姻的「見證者」，正是大道上的兩排椰子樹。

椰林大道的成長影像速寫

本文選擇數張椰林大道從一九三二年規劃初植及各種角

1932年之椰林大道與文學院

度，現在它們都長大了。供讀者回憶雅賞。

椰林大道最初設計概念

椰林大道的興建是為彰顯一個「太陽帝國」的偉大，其寬度七十公尺，在當時僅次於倭人總督府前道路（今凱達格蘭大道），由園藝系教授中村三八夫和大沼三郎規劃完成，終端在今文學院及土木館交界處。

椰林大道對於空間秩序的安排，性格型塑途徑，均取經自文藝復興思想，當時是歐洲都市規劃流行的「巴洛克軸線」，將藝術中的視覺穿透和張力的特性，運用到都市規劃與建築的表現。最明顯的例子是法國巴黎的香榭大道，大道兩側儀式性

1932 年（昭和七年）臺北帝國大學空照圖，當時椰林大道長約 400 公尺，至目前園藝系館前為止。從圖上亦可看出丁字路口（或稱 T 字路口）組成的魚骨狀道路架構，以及當時大門口僅有的一個轉彎。（國立臺灣大學圖書館藏）

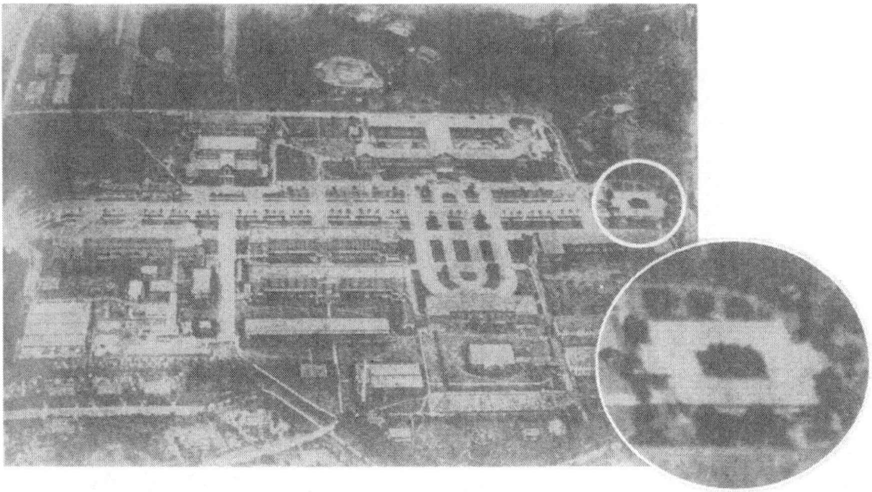

1934 年時的椰林大道，當時的端點為一棟木造的
合院式建築。（國立臺灣大學圖書館藏）

椰林大道椰子樹初植貌（照片持有人：莊永明先生）

的羅列各重要建築。直視大道穿透寬廣的空間後，必須在終端有一個具體的「成果」收縮，主體代表是「羅浮宮」。

椰林大道最長約四百公尺，到帝大後期，大道終端安排一個「南方人文研究所」（四合院式，成立年代不詳），充份表達倭人的建校企圖，期待這所大學成擴張軍國主義，向南方侵略的「學術參謀團」。後來南方人文研究所拆除（約民國46－50年間），椰林大道延伸為近六百公尺，終端是今之「振興草坪」（紀成閣振興校長）。

曾經要在大道終端興建大禮堂均未成，終於臺大以象徵知識的具體「圖騰」──圖書館，作為大道終端建築，其象徵或實質的二重意義，都合乎廿一世紀人類應共稱「和諧社會」要求，真是功德圓滿。

椰林大道的功能安排和景觀設計

整體觀察整個校區建築位置的安排，會發現大道南北兩側建物是有些錯開的，形成「丁字路口（或稱T字路口）」，整條椰林大道由一個個丁字路口組成，在動線功能上不同於十字路口（或棋盤式，提供流暢交通動線為主）。

丁字路口的功能在於把動線匯集到主幹道，強化椰林大道的儀式性；同時，提供行人較佳的行走空間，已涵富人車分流的概念。

椰林大道的景觀植栽當然最初也是彰顯帝國的侵略象徵，不用臺灣本地樹種，而引進南洋風十足的棕櫚科大王椰子樹，由當時理農學部中村三八夫和大沼三郎完成整體設計。

臺灣光復後，臺大園藝系杜賡甡教授，從陽明

山引進龍柏，又從六張犁和陽明山山仔后工作站的杜鵑花，用以柔化椰林大道的嚴肅氣氛。一九八〇年代，虞兆中校長任內，為改善椰林大道缺乏樹蔭，炎夏不適合行走的情形，在兩側栽植樟樹。隨著時代環境的變遷，椰林大道的「性格」也在改變，現在已感受不到「肅殺、帝國、南侵」的氣氛。

屬於市民的椰林大道、校樹、校花

隨著臺北市高度現代化開發，人口和建物日多，而綠地公園日少。低密度發展的臺大校園，成為市民散步休閒、小朋友遊戲的重要去處。現在的椰林大道其兩端和中點，共形成三個廣場，大門口的大學廣場、傳鐘廣場和圖書館廣場，分別具有集體、交通和儀式等屬性空間。

近年舟山路整治有成，每逢假日，遊人如織。

1965年文學院東邊已建舊工學院大樓

1975年，自大道向西方看不見台電大樓

椰林大道西方台電大樓成為端景

尤其重大節日慶典（三月杜鵑花節、五月臺大藝術季、六月畢業季、十一月校慶），都在椰林大道上舉行。

椰林大道兩側花圃的杜鵑花，是臺大僅次於椰樹的植栽，一者校樹，一者校花。杜鵑花種類有多種，有各種顏色花品種系。最寶貝的一種叫「烏來杜鵑」，它可是臺灣原生種。每年三月杜鵑盛開，萬紫千紅，把校園粧點成一座「杜鵑花城」，同學用「排花」述表情意，是大學生活美麗的回憶。

自一九九七年開辦「杜鵑花節」，透過校園導覽、學系博覽會、社團聯展等活動，成為全新招生方式，也是大學和社區的交流活動。

學校象徵－校樹與校花
• 校樹：大王椰(Royal Palm)，1898年自古巴、巴拿馬等地引入。
椰林大道、椰林風情bbs、椰風專案學人宿舍。
• 校花：杜鵑花(Azalea或Rhododendron)，帝大時期零星（原生種的金毛、烏來）、因傅鐘傅園而首次廣植（野生種的唐、皋月）；接著大量接收來自陽明山的日本引入的平戶杜鵑。
杜鵑城園遊會(60學年畢冊)、花城舞展、花城影展、杜鵑花節(1997年起)。
56學年畢業紀念冊

月光照椰林

靜靜的夜，有人唱起了情歌
儘不住月色挑逗，椰林不干寂寞
與微風伴成和音天使
月色的大愛，夜晚的眾生感受到了

涼涼的夜，我們把戀情擁抱的更溫暖
儘不住秀色香甜，就讓大地把我們托起
這一刻，椰林、杜鵑、草花、妳我
還有誰不為之陶醉入夢來？

假如這世界永遠這般多好
椰林月色都溫柔，妳我是仁人君子
我願意是椰林大道邊的任一株小草

杜鵑花季椰林大道一角（作者攝於 2012 年）

永遠聽妳唱歌，任妳擁抱
直到永遠、永遠、永遠！

一九九八年五月，某晚在台大夜間部下班，椰林大道賞月、偷閒。

壯觀的椰林大道（作者攝於 2010 年）

導覽椰林大道參考資料：

1.大王椰子

✧大王椰子原產於古巴、牙買加和巴拿馬一帶，1898 年引入臺灣。

✧因為國內引進的椰子類中最高大壯觀，所以被命名為大王椰子。

✧其生長點只有一個，也就是中央如劍形的頂芽（出芽），移植時應小心維護。

✧每年颱風來襲前和開花過後會修剪一次，可避免風害並促進來年開花結果。（花期 10-5 月）

✧大王椰子結的果實很小，不是我們印象中大顆的椰子。

✧椰林大道 1932 年規劃種植，目前有 201 棵椰子，北 99，南 102。

2.杜鵑花

✧原生於中國西南、不丹、錫金一帶。目前品系繁多，已遍布全球。

✧因花開時總伴隨杜鵑鳥啼聲，所以被命名為杜鵑花。

✧帝大時期校園栽植少量杜鵑，品種為台灣低海拔原生杜鵑種為主：金毛杜鵑、烏來杜鵑。

✧1948 年間，園藝系杜賡（ㄍㄥ）甡（ㄕㄣ）教授在六張犁一帶山區採得野生唐杜鵑引入校園栽培。1950 年底傅校長辭世後，杜教授向農試所士林園藝分所要求龍柏 20 株植於傅鐘和傅園旁，事務所朱仲輝主任至六張犁附近農家收及杜鵑花苗 250 株廣泛植於校園中。這是校內最早開始大規模中植杜鵑之始。

✧目前校園內最常見的種類是日本引入的平戶杜鵑，1952 年起引進，最早種在陽明山，後杜教授接洽，學校引進大量杜鵑和一部分茶花，目前就成為椰林大道兩側的景色。

✧1977 年起開始杜鵑花節的系列活動，以增進臺大與外界的溝通交流。

✧校內的杜鵑有：（平戶）艷紫杜鵑、白琉球杜鵑、雪白杜鵑、粉白杜鵑、大虹杜鵑、久留米杜鵑、（臺灣原生）唐杜鵑、金色杜鵑、烏來杜鵑。

✧請留意杜鵑全株有毒性，尤其是花、葉，切勿食用！

3.找尋杜鵑奇景

✧一般 5 朵花瓣，變異種會有六瓣唷！

✧合瓣花應整朵掉落，有一種會有特殊的離瓣特性一片片分開掉落唷！

✧不開花的杜鵑！只有柱頭伸出花苞。

第8站：新總圖、一活、孔子和振興草坪

在帝大時期，椰林大道端點原是一座四合院式的「南方人文研究所」，一九四五年曾作醫務室使用。臺灣光復後，臺大於民國四十六至五十年間拆除。椰林大道因此延長，即如今之長度（六百公尺）。

椰林端點：現代化圖書館的誕生

大約民國五十年後，椰林大道盡頭和舟山路交叉處，原是一塊由椰子樹和龍柏等植物圍繞的橢圓形草地，後來成為新的總圖書館。早

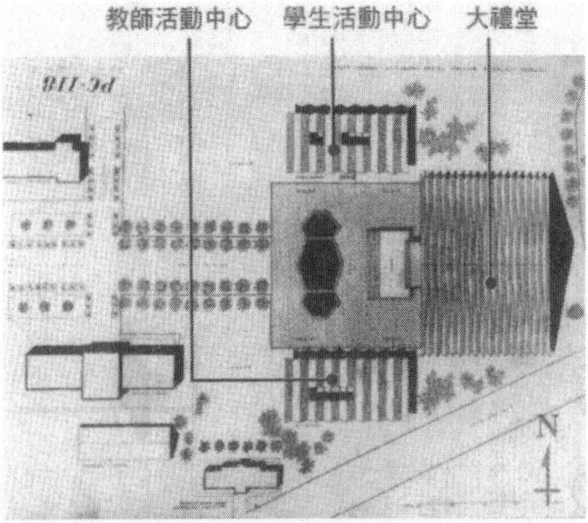

圖書館現址原先規劃為大禮堂，是一個包含三棟薄殼建築的建築群。圖為當時的基地配置圖。（圖片來源：建築雙月刊第1期）

活動中心老照片，可看見大小天井的舊觀。
（圖片來源：建築雙月刊第 1 期）

活動中心舊照，拍攝時間約為 1965 年，當時圖書館尚未興建，活動中心為臺大校園東北角少數的建築。（圖片提供：凌德齡教授）

年這塊草地慣稱「振興草坪」，為紀念閻振興校長（任期：1970.6~1981.7），要新建圖書館的緣由，當然因舊總圖書館（今校史館）已不合現代使用。

另一個原因，是延伸後的椰林大道始終沒有端點，能成為端點建築須有具體的象徵意義。一九七三年校方委請園藝系教授凌德麟教授協助規劃。當時，學校曾打算在此興建大禮堂，請大建築師王大閎，提出一個包含學生活動中心（今稱「一活」，下以簡稱之）、教師活動中心和大禮堂的大規劃案（如圖），後因經費不足，只有一活落成。

振興草坪舊貌。從這張照片可以很明顯看到，圖書館現址以前是一片草地，旁邊則是活動中心。（圖片出處：臺大學生職業生涯發展中心提共）

椰林大道端景振興草坪及孔子像預定地

臺大從一九八二年開始，進行現代化圖書館規劃，在《圖書館新館建築計畫書》中明確指出，「圖書館設計案的重要性，關乎椰林大道的成敗，亦即整個校園空間形成的成敗。」可見新建的圖書館除現代功能必須具備，軟硬體都肩負成就臺大的「精神使命」之意涵。

果然，一九九八年落成以來，經各方檢視，認為是光復以來臺大最成功、最好的建築，完美的統攝了椰林大道。藏書量四百萬冊，也是國內各大學之最，其中特藏的五萬件中外善本珍籍，包含清代淡新檔案、岸裡大社文書、西方搖籃時期書籍，都是珍貴之寶物。

第一學生活動中心（現稱「一活」）

值得一提的，館中特設「臺大人文庫」，專典藏臺大人著作，筆者所有著作數十冊均典藏於文庫；另針對臺大人（老一輩教、職員）著作手稿，保存典藏，筆者許多手稿亦典藏於本館，吾等是「最後一代能拿筆寫稿的人」，以後「絕版」了！

一活，傳統與現代的溶合

在臺大的文獻上，關於一活的落成時間，有不同的說法，可能是校對上的問題。本文以《解讀臺大的82個密碼》一書為準，一活是在一九六一年落成的，做為學生社團的聚會場所，至今在臺大登記有案的社團有一千個，社務實際運作者約有三百至四百個。

一活的建築設計者是王大閎，一九一八年生於廣東，父親王寵惠是中華民國首任外交總長，他自幼在上海、蘇州等傳統建築空間中成長，在歐美受教也受到現代主義的影響，他的作品即在溶合傳統與現代，體現中國文化的建築美感。

王大閎是當代建築發展重要的建築師，一九七二年落成的「國父紀念館」是他的代表作品；也是戰後為臺大設計最多建築的大師。例如一活、舊體育館、保健中心、女九宿舍、原法學院圖書館等。

王大閎自宅經典作 異地重建

人間福報 2014.1.3.

位於北市建國南路 建築系學生朝聖地

年底重現於美術公園 無條件捐給北市府

【本報台北訊】設計國父紀念館、外交部等建物的知名建築師王大閎，他在台第一件作品，是位於台北市建國南路的自宅，已被拆除。建築界人士發起重建，昨日與台北市文化局公布重建計畫，將在台北市立美術公園內異地重建，預計年底完工，將無條件登記爲台北市政府資產。

曾獲國家文藝獎、被喻爲「永恆的建築詩人」王大閎，自宅建於民國四十二年，被稱爲中國建築現代化的濫觴，拆除前，曾是建築系學生朝聖見習之地，到現在還是建築界研究的經典。北美館的建築師高而潘說，「那棟房子讓我內心悸動，三天都睡不著覺」。知名建築師李祖原建築師說，「就像回教徒能去朝拜麥加，簡直不得了」。

王大閎的父親王寵惠，是我國首任外交總長，用積蓄替他在北市建國南路買下九十坪空地，興建自宅，因經費有限，建物不大，僅三十坪左右。

建築界人士說，這棟房子不像日式建築，也非傳統中式風格，當時和四周日據時代留下來的低矮宿舍相比，王宅圍牆顯得高聳，封閉的立面和高牆，延續他在大陸蘇州的建築風格。

王宅使用的落地窗，顯露出王大閎的細膩，落地窗門框是用上下軸承支撐，減少阻撓視線的外框，這部分來自中國傳統建築門板可拆卸的靈感。

王大閎長子王守正出生後到六、七歲都住在建國南路，王守正回憶說，相較於周遭低矮宿舍，圍牆顯得特別高聳，附近的孩子都對他家特別好奇，「每次開門就有許多小孩探頭探腦」。他認爲父親之所以設計這麼高的圍牆，是希望回到家就和外界隔絕。

延續蘇州建築風格

王守正說，在他的記憶中，房子裡頭有一個大大的圓形窗，通往庭園，他和姐姐王依仁常在那裡玩耍，爬進爬出，或躺著看天空。

王大閎建築研究與保存學會秘書長徐明松表示，由於設計圖已不在，爲了重建，研究了王家保留的四十多張黑白照片，並與學會成員討論，整體重建經費預估爲七百二十萬元，加上家具共需約一千萬元，將由璞永建設與文心建設出資，預計年底前完工，之後轉讓登記爲台北市資產，由市政府招標委託經營管理。

王大閎自宅客廳的大片落地窗，構想來自中國建築可折式門板。

2014.1.3. 人间福报

⬆今年高齡九十七歲的建築師王大閎，最著名的經典作品是國父紀念館。

➡王大閎自宅的「圓洞窗」下，曾是王家子女最喜歡的遊戲場所。

圖／王大閎建築研究保存學會提供

本站導覽解說時間：約十至二十分鐘。

導覽員參考補充資料：

戰後幾棟重要建築講義／徐明松
臺灣大學第一學生活動中心
1st Student Activity Center, National Taiwan University
1962/王大閎

臺灣大學第一學生活動中心(簡稱“一活”)的設計興建，是1960年代初臺灣大學與建築界的頭等大事，更是王大閎建築另一個文化性的重要嘗試。其實原計劃包括台大禮堂一座，教職員休息中心與“一活”各一座，位於該校椰林大道盡頭。王大閎將此三幢建築以台大禮堂為中心排列成品字，由一寬敞廣場聯成一氣。首先建造者為“一活”，現該建築已擴建至第二期工程，其餘兩棟後來未興建，原因不明，殊為可惜。

“一活”為折板式屋頂，正面有直達屋頂高二層樓的柱廊。進門後主要為交誼廳，內分棋、橋、書報閱讀及談話交誼等活動空間。交誼廳與外面柱廊間隔以中式窗門，必要時可將使用空間延展至室外廊下或廣場上。此一有利條件同樣適用於內容四百多人的餐廳。餐廳旁諾大的中庭除加強室內通風、採光效果外，還將上下兩層空間融為一體，又可作為一封閉的露天遊憩活動場所，實為良好的半戶外空間。樓上以外廊環繞中庭而聯結所有大小房間，以供各學生社團辦公及活動用。

建築的細部與顏色設計相當精彩，譬如說屋頂，那細膩帶韻味的折板處理，令人讚歎：折板高點比低點還往外移出數十釐米，頗有另一飛簷之勢，側面折板忽地在高點停止，也形成了一個輕盈飛翔的線條，兩者都加強了折板屋頂與傳統屋頂的有趣聯想，但又不乏創新。

還有就是兩個恰如其分的天井，有水池的天井較小取其寧靜，沒有水池的，兩倍大於前述天井，可將室內活動延伸至戶外。該棟建築在用色上也使用了傳統的黑、朱紅與金色，讓整棟建築沉浸在既現代又傳統的氛圍裡。這個中庭的運用也可看做傳統合院空間立體化的首次嘗試。

第9站：土木系館

一棟土木系館有何好介紹的？再說它的歷史並不太久遠！是戰後才蓋的。直到我好好看了楊松翰主編的《解讀臺大的82個密碼》一書，及一些零星介紹，才發現土木系館的歷史文化價值，臺大的考古、導覽不能不提到土木系館。

落成於一九五五年的土木系館，原是臺大工學院。它的興建代表著時代的重大轉變。一者打破帝大時期椰林大道兩側「北文政、南理農」的空間運用原則；再者預告臺

土木系館舊照，在椰林大道的位置。（照片約照於倭竊時期）

灣社會由農轉工的時代來臨；三者校園引入現代建築元素，以現代國際新觀點，與帝大時期建築展開新的對話。格外重要的，土木系館的誕生，延伸了椰林大道新尺度，多了近二百公尺（也因南方人文研究的拆除），同時奠定了小椰林道的街廓發展。而這兩條軸線（椰林大道、小椰林道）的確立，可以使臺大未來百年的空間發展「定型」。

土木館大門

土木系館的興建也是戰後物質缺乏環境中，由校內營繕組人員自行設計，而非出自民間大師之手。此時期建築包括土木系館、森林系館、已拆除的心理和地理系館及一些學生宿舍。從設計風格來觀察，戰後臺大自行設計的建築有兩類型，其一沿用帝大的折衷主義並簡化的學生宿舍和校舍，如女五、女八、男十三宿舍；其二是引入國際流行的現代主義元素，土木系館和森林系館屬此類型建築。所謂「現代主義建築」，就是「沒有裝飾的建築」，強調實用、線條簡單；以平屋頂取代山牆及斜屋頂，以水平開窗取代垂直拱窗。

再者，土木系館的興建也表示校園環境的重大轉變，逐步填平穿過校園的瑠公圳大安支線（如圖）。接著第二幹線（新生南路）加蓋，使圳道和田野風光，完全走入歷史。

名氣不如椰林大道的小椰林道，並非計畫中道路，而因土木系館等建物逐步出現，漸漸從通往舊機械館的小路，變成也算大道的小椰林道。同時確立臺大校園空間發展的雙軸線概念，未來百年內也不會改變。

本站導覽解說時間：約五至十分鐘。

土木館正門邊的「石彫」

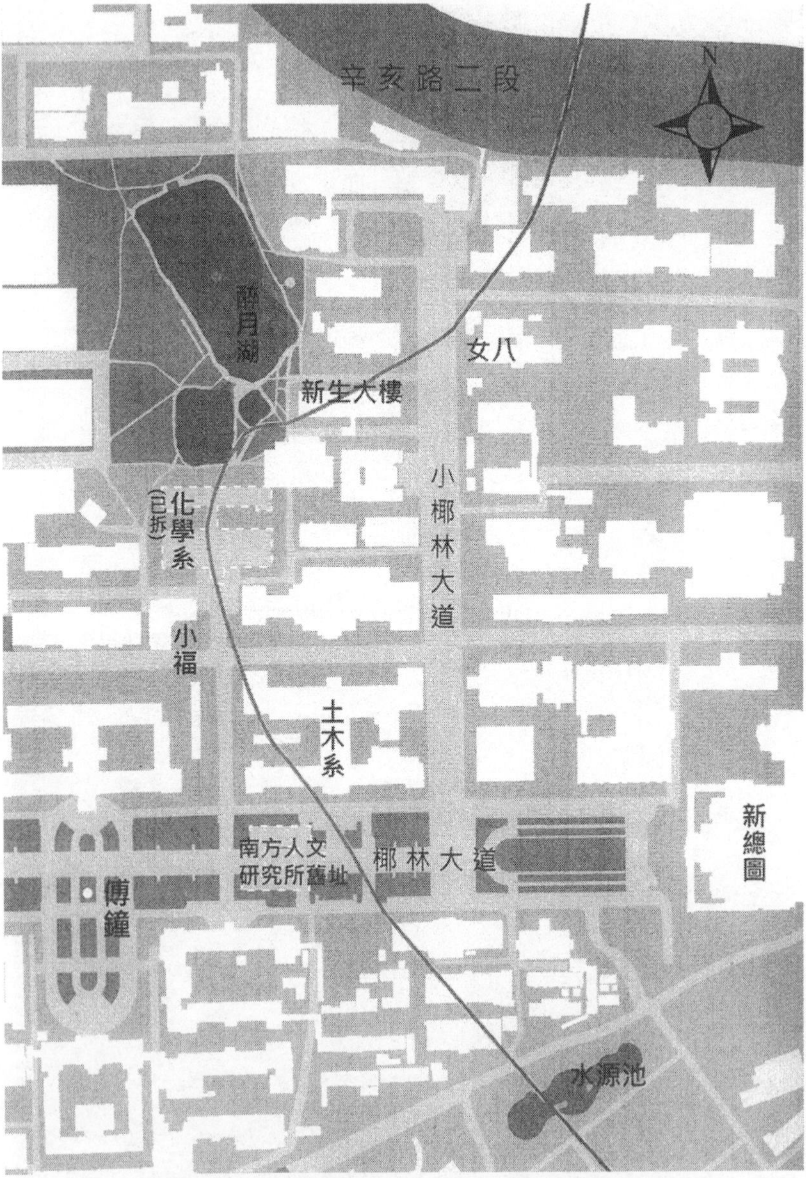

這是工學院興建當時，瑠公圳在校園內的走向，從這張圖可看出當時水道走向與今日校園的關係

第10站：文學院

一九二九年三月三十一日落成的文學院，是帝大時期典型建築之代表，見證了近百年的文人風華，於一九九八年正式成為市定古蹟，等於頒給這棟建築一座「終身成就獎」。

採用十三溝面磚的文學院，有做工精細的拱窗、拱門、山牆、車寄、轉角磚等帝大建築特色，美輪美奐的洋和混風，不僅吸引訪客目光，也是臺大校園拍婚紗照的熱門景點。

從昭和6年（1931年）的鳥瞰圖推敲，想像由文學院門廊上方往下看，是不是看到一個大拱窗？（國立臺灣大學圖書館藏）

再注意裡外，正中央入口層層突出，下方是門口大廊，中段有三個拱圈是院長室陽台，最上方以三角形山牆收尾。兩旁有四個拱門，分別引入四條深邃的走廊，另在內部環形樓梯圍繞的小方塊中，創造出一片儀典性的幽靜空間。

文學院也是椰林大道帝大建築群〈如附表〉中，首次使用RC（鋼筋混凝土）後的第二棟建築物，設計者是當時倭人總督府營繕課長井手薰（當時建築會會長），起初做為文政學部校舍。

文學院具有校內最大的「車寄」，形成二樓院長室外的陽台，

台北帝大文政學部

在帝大建築群中僅有文學院有此項設計。門廊的倭文叫「車寄」，可以讓車子臨時暫停的地方，供賓客上下車的外部過渡空間。曾有一個說法，在帝大初期，全臺北只有兩輛自動車（汽車），一輛就是帝大文政部部長所有，故興建一個大「車寄」，這應是「八卦」！

時代在變，潮流在變，價值觀變得更快。二〇〇一年臺大推動人本交通計畫。將各系所前的空間劃設為行人和腳踏車專用。所以，現在車寄也不能「寄」了！

幾乎與文學院齊名的是正門兩側的欖仁樹，因民間流傳葉泡茶可

側看文學院

治肝病。每逢落葉時節，總有一群人駐足樹下，等候撿拾落葉，反而冷落了其他「大明星」（傅鐘、文學院等）。後因媒體報導欖仁葉有毒，從此乏人問津！

文學院週邊重要植生還有榕樹、蘇鐵（鐵樹）、印度紫檀、臺灣石楠等，可詳見《臺大校園自然步道》一書介紹。但你知道蘇鐵有公的和母的嗎？如何分辨公母鐵樹？（答案見本篇末的臺大植物簡介）。

文學院西側有小水池，池中是雕塑家朱銘的作品「太極」。朱銘的「太極」系列作品，已是國內外大學典藏的珍寶，作為一種校園藝術景觀，也是訪客參觀的重要景點，例如英國劍橋大學、美國堪薩斯大學、香港中文大學等，都有朱銘的太極。

從行政大樓前透過傳鐘看文學院正面

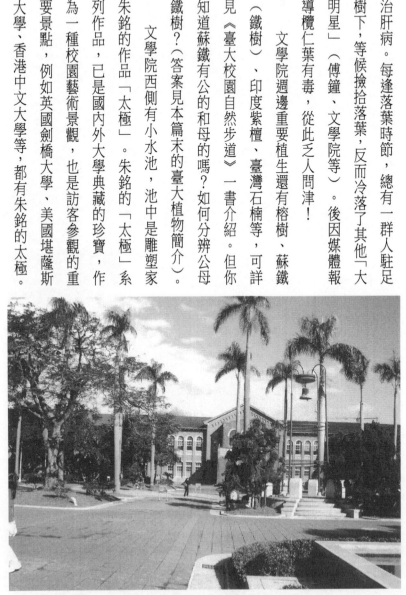

而文學院旁這座太極，是在民國七十九年間，臺大藝術史研究所石守謙教授居中奔走，德富文教基金會董事長吳東昇博士（臺大法律系校友）捐贈。於民國八十年五月，完成安置，是國內校園公共藝術之先驅。

文學院除了是重要古蹟，在建築設計上也有不凡的意涵，它是屬於義大利文藝復興大師拍拉底歐（Andrea Palladio）的藝術風格，兩側長型量體，中央山牆突出以凝聚視覺焦點。椰林大道建築群的共同特色是外牆貼十三溝面磚，溝槽面用以產生漫射作用，具有軍事上的偽裝用途，但我相信偽裝效果不大，主要還是一種「建築語言」，象徵著一個時代的藝術風格。

本站導覽解說時間：約五至十五分鐘。

文學院

文學院之連續拱窗

椰林大道帝大建築群落成年代一覽表

年代	建築
1928.09.11	文政學部研究室（今樂學館）
1929.03.31	文政學部校舍（今文學院）
1929.11	圖書館事務室（今舊總圖前幢）
1929.12.27	植物標本館落成
1930.09.27	農學教室（今四號館）、五號館亦落成
1930.12.08	生物學教室（今一號館）
1931.03.14	校門口
1931.05.03	理化學教室（今二號館）、化學教室（今三號館）
1932	圖書館閱覽室與書庫（今舊總圖後幢）

帕拉底歐式的建築設計

除了欣賞建築細部外，文學院尚蘊含著重要的建築設計概念。文學院的建築量體設計風格，源自於義大利文藝復興大師帕拉底歐（Andrea Palladio）所設計的鄉間別墅（villa）風格，以南北向的長型量體，加上中央山牆來突顯主入口與凝聚視覺焦點，在建築的兩側再以強化的量體做為收頭（收尾）。

Villa Barbaro（照片提供：徐明松）

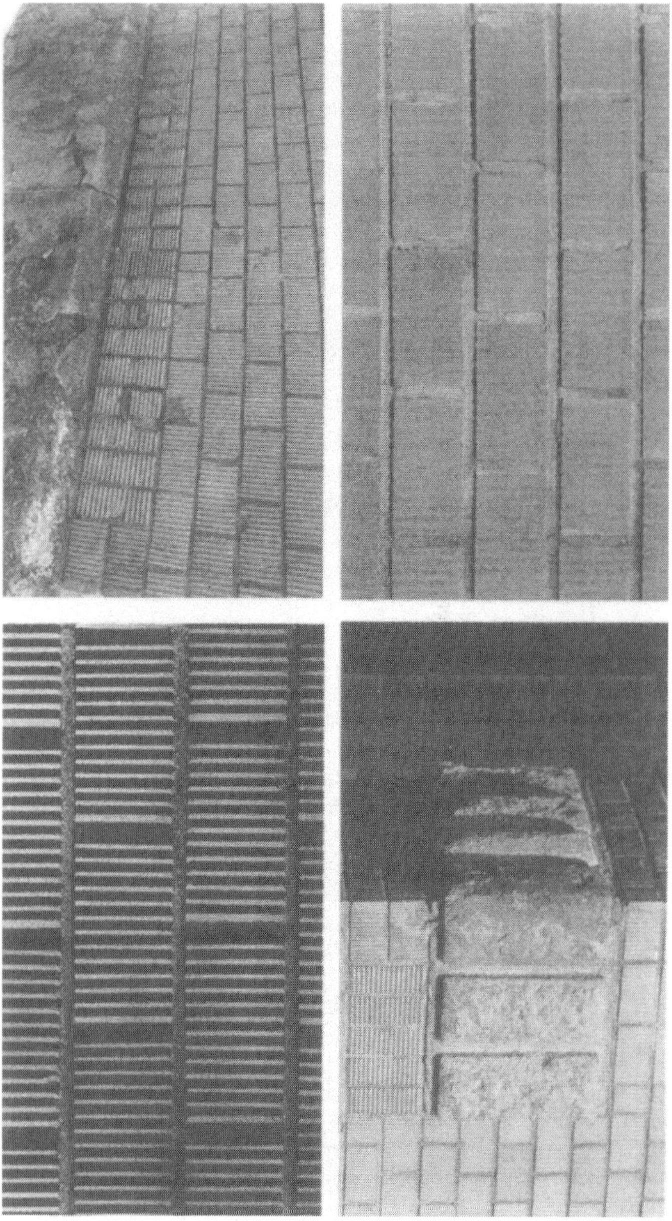

請讀者們數數看，其溝痕是否真的是十三溝呢？許多民眾反應，只看到13個突起，但溝痕卻只有12個，為什麼叫做「十三溝」？目前合理的推測是，中間的溝痕有12個，而兩邊的溝痕各算0.5個，加起來就仍然是13個！

第11站：醉月湖色美

台大的各個景點中，說懷念非傅鐘莫屬，幽靜則傅園第一，道莊嚴是椰林大道，談到美景情調就是醉月湖。這裡是臺大學生的約會聖地、情人聖地，我曾為醉月湖賦詩兩首(文後)。

醉月湖以前叫牛湳池，是瑠公圳的調節水塘。動物系漁業生物組曾經在池中養魚做漁業實驗。後校方整理周邊環境，建拱橋、湖心亭，設計成一大二小三池景觀。往昔同學尚能划著小船到湖心亭玩，後因有位女同學意外淹死，學校把船撤離，四周圍上欄杆。此後，不少同

「醉月湖」是蘇元良與鄭梓於 1973 年所命名的。圖為俯瞰醉月湖景致。（翻攝自 1973 年畢冊）

浪漫的划船比賽多少緩和了當時肅殺的政治氛圍。比賽用的船是從碧潭租借來的。（翻攝自一九七三年畢冊）

一九七三年首次划船賽，吸引空前人潮圍觀。（翻攝自一九七三年畢冊）

一九七三年蘇元良擔任畢聯會主席，發起畢業生划船比賽。（翻攝自一九七三年畢冊）

學說晚上在湖邊看到「阿飄」，鬼故事開始不脛而走，成為校園中的傳說。

另有一說，湖心亭和岸邊原有小橋相通，因一段悲悽的跳湖殉情故事，學校拆除了小橋。傳說可以當故事聽，但瑠公圳的調節水塘則是真正的歷史，水塘原來有圳溝和大圳相通，新生大樓與建時，切斷了湖水和大圳相通的圳道，若將校內的柳樹連接起來，仍可依稀看出昔日水道流線（如女八及航測館外的柳樹）。

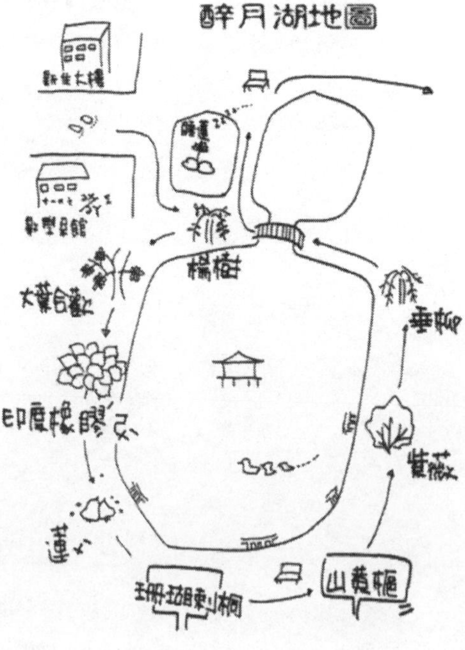

牛滴池何時變成浪漫的「醉月湖」？打開歷史的時空盒子，原來醉月湖誕生至今才「四十一枝花」！而且「愈老愈美」，名氣愈來愈大。不知何年開始，醉月湖被譽稱臺大最著名景點，盛名超過傅園、傅鐘。或許是因為許多臺大同學以後的婚姻，都建基於最初在醉月湖的山盟海誓，才開展出亮麗的人生。

現在要回顧一下醉月湖誕生的經過。從校友蘇元良（一九七三年心理系畢業，現任永晴光電總經理、臺大校友會理事）的一篇文章，「臺大醉月湖名考」（《臺大人文風情》）說起。

一九七三年蘇元良擔任臺大畢聯會主席。準備於三月十九和二十兩天，在湖中舉辦畢業生划船比賽，從碧潭租來「情侶雙人船」約七、八艘。但事前負責文宣海報的同學為如何稱這湖大傷腦筋，總要有個名字好辦活動。

那一年蘇元良和歷史系的鄭梓在銘傳國小附近同租一屋，某晚二人談論此事，鄭梓衝口而出就叫「醉月湖」吧！蠻浪漫的，不過就是一個名字罷了！蘇元良覺得很好，隔天就通知畫海報同學用「醉月湖」三字。三月十九日出刊的

她倆就愛在這裡談情說愛

醉月湖美景

不比西湖差吧

《畢聯會訊》上，首次使用醉月湖這個名稱。

蘇元良的回憶短文，說到一九七三年三月十九日當天風和日麗，划船賽由閻振興校長剪綵後，由蘇元良首航載著校長順著湖心悠悠然盪了一圈。如今，閻校長已作古，而同學也將步入六旬老翁。

本文幾張老照片都是轉引蘇文翻攝自一九七三年畢冊，算來醉月湖今年才「四十一枝花」，每年三月十九日是她的註冊誕生日，有情人這天到此約會，必更能使愛情成為更恆久的回憶。

她，在醉月湖

醉月湖水波盪漾
些許春愁，還是春天，吹著春風
微風情不自禁
漣漪掩不住她內心的秘密
整座湖醉的腮紅氾氾

橋畔垂柳，酥髮飄逸
在微風中，輕柔的手
撫弄那醉了的湖面
看她，柳姿湖色的腰
她是一幅迷惑醉人的風景
我也一醉入迷
與妳相約在夢境
醒來時
已是深秋

一九九七年秋在台大醉月湖
賞春景有感

湖邊垂柳，和「馬子」在這裡讀心，超浪漫！

醉月湖在任何季節、任何時間都展現不同的美感和身段，筆者另有一首「醉月湖邊雲」傳統詩風格，今（二〇一三）年春季，大愛電視台記者紀儀羚小姐、節目執行吳怡旻小姐及攝影導演等多人，採訪筆者製作「公館古蹟、臺大美景」，由筆者導覽並在醉月湖邊拍景，此詩由紀儀羚小姐譜曲，現場彈唱，情調十足，在大愛台播放兩回。欣賞這首詩，「醉月湖邊雲」（此詩和上面現代詩都收錄在個人著作《一個軍校生的台大閒情》，文史哲出版，二〇〇八年八月。）

醉月湖色美，晚來情更絕。一夜露水即將逝，依依不捨歸。片雲誰來愛，香波艷麗彩。伊人密語不想回，想約明晚來。

本站導覽解說時間：約五至十五分鐘。

拆除編號第11到15號教室改建的第一代普通教室。左方木屋即為15 號教室一排木屋向東延伸未拆除的部分，過去曾經是肺病療養室、軍訓教官室、校內郵局23支局和華南銀行服務站，即現在的小福樓所在位置。（取材自52學年度畢業紀念冊）

到醉月湖賞景，通常會到小福吃點東西，這是傅斯年時代的教室。

第12站：校史館、舊總圖書館

臺大校史館是落成於一九二九年的帝大舊總圖書館，直到一九九八年新總圖落成，才卸下長達七十多年的圖書館重任。經重新規劃，於二〇〇五年舊總圖以「臺大校史館」新姿再上舞台，這座帝大時代「椰林大道建築群」之一的莊嚴建築，於一九九八年時經臺北市政府公告為市定古蹟，也算頒給它一座「終身成就獎」。

舊總圖是臺大校園內少數經過多次增建的建築物，包含前後兩棟經前後五次增建，才成目前的樣子。建築主體為當時新式預力混凝土結構，外觀及內部仍使用連續的拱圈及古典的裝飾圖樣，透露出莊嚴典雅的學術氣息。二樓的閱覽室為全棟建築構體的精華所在，挑高的屋頂給人寬廣舒適的感覺，成列的落地長拱窗引進大量自然柔和的光

舊總圖興建中

線，無形中已能吸引學子在這裡讀書。

從建築語彙來解讀，也可以看出倭據時期折衷主義的建築基調，「折衷」指的是較簡潔的古典風格。入口處門廊以三個拱門與柱式組織，呈現濃厚的仿羅馬建築特色。拱門材料是唭哩岸岩石雕飾而成，亦顯示磚石的承重性。

舊總圖之所以舊了，是因為它是配合舊時代人們借書看書的習慣，二十世紀借書的程序如果現在拿來用，很多人要起來抗議。

近代圖書館起源於十五世紀，當時書籍要人力書寫而顯得很珍貴，書都要鎖在櫃子裡，由「書監」保管，借閱先填申請單，再由管理員開鎖取書，故圖書管理員被戲稱「掌鑰的弟兄」，此即所謂「閉架式的藏書管理」，藏書空間和閱讀空間是分開的。

舊總圖興建於二十世紀上半葉，亦是所謂閉架式管理。一樓設計成兩層夾層的藏書空間，二樓是高挑的閱覽

臺北帝國大學圖書學風貌。(出處:臺灣建築會誌第3卷第6期,央圖臺灣分館提供)

現在的舊總圖

2013/03/11

總圖書館

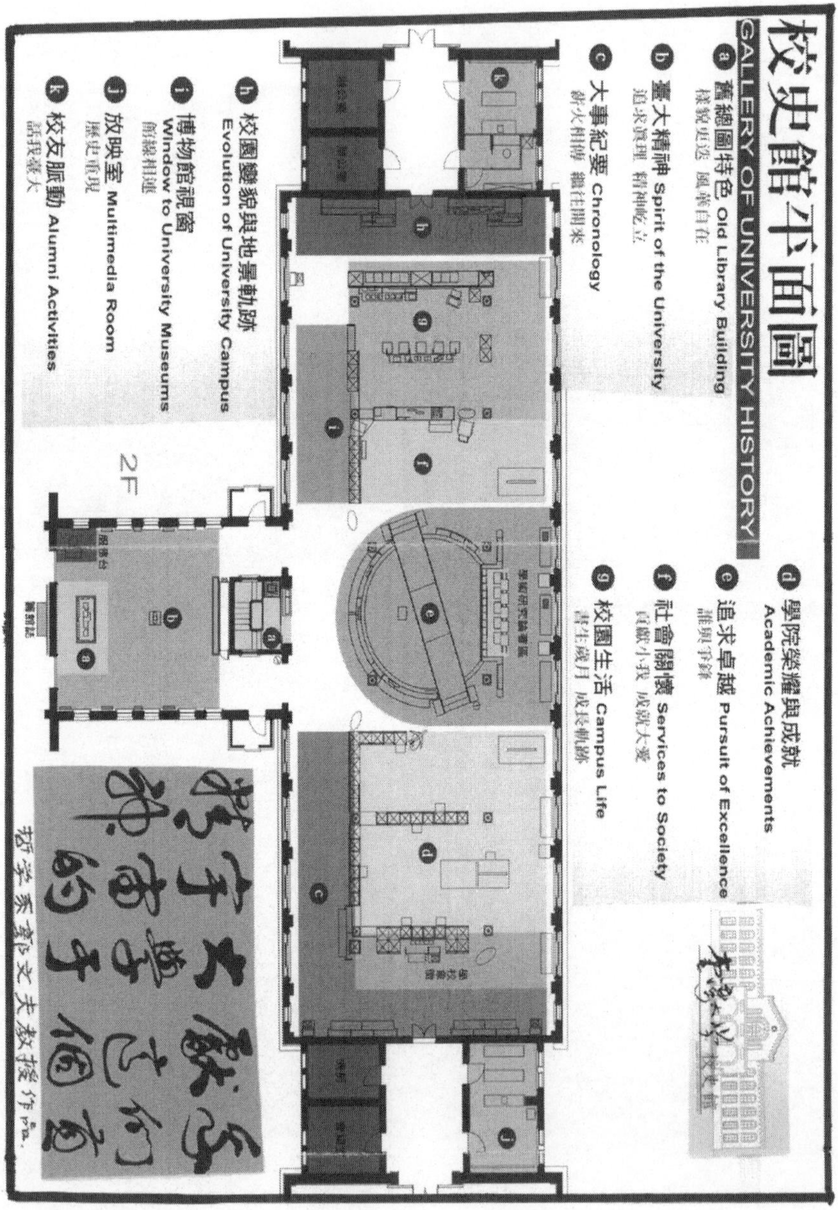
校史館平面圖
GALLERY OF UNIVERSITY HISTORY
a 舊總圖特色 Old Library Building
b 臺大精神 Spirit of the University
c 大事紀要 Chronology
d 學院榮耀與成就 Academic Achievements
e 追求卓越 Pursuit of Excellence
f 社會關懷 Services to Society
g 校園生活 Campus Life
h 校園變貌與地景軌跡 Evolution of University Campus
i 博物館視窗 Window to University Museums
j 放映室 Multimedia Room
k 校友脈動 Alumni Activities
2F

室。此外，舊總圖還有多處看出當時對書本的珍惜，書庫窗戶縮小開口減少日光的影響，窗戶都配有防盜功能的鐵捲窗。還有，樓梯間設置洗手台，代表館員對書本的尊重。

舊總圖完成了它的生命歷程中之階段性任務，重新以臺大校史館新姿走上舞台，承擔新任務。校史館分五個展區，包括臺大歷史、校園生活點滴、學院榮耀與成就、校園空間變遷、博物館視窗等，如平面圖。

校史館的入口壁堂揭示臺大的立校精神——學術自主、自由校風。這股沿襲至今、獨步國內的治校精神，是由傅斯年校長所奠基。那是個國家政局動盪

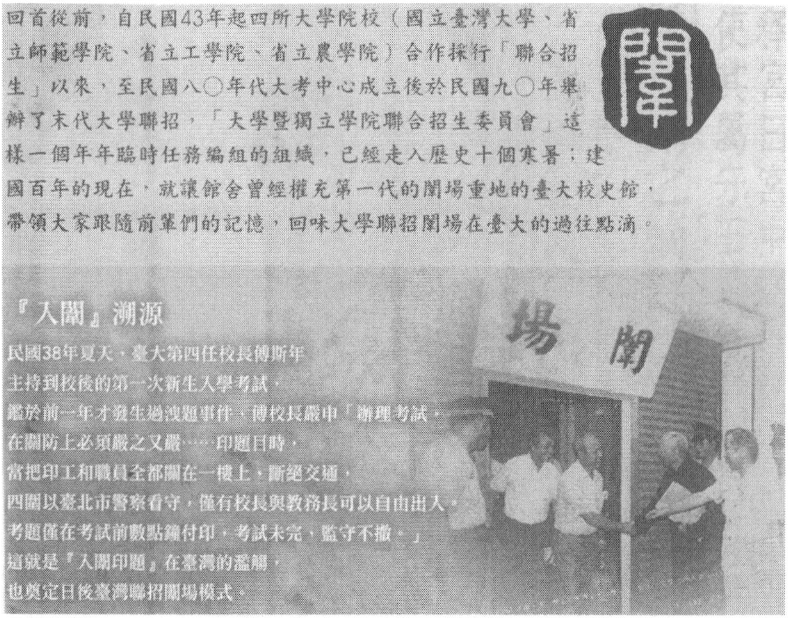
回首從前，自民國43年起四所大學院校（國立臺灣大學、省立師範學院、省立工學院、省立農學院）合作採行「聯合招生」以來，至民國八〇年代大考中心成立後於民國九〇年舉辦了末代大學聯招，「大學暨獨立學院聯合招生委員會」這樣一個年年臨時任務編組的組織，已經走入歷史十個寒暑；建國百年的現在，就讓館舍曾經權充第一代的闈場重地的臺大校史館，帶領大家跟隨前輩們的記憶，回味大學聯招闈場在臺大的過往點滴。
『入闈』溯源
民國38年夏天，臺大第四任校長傅斯年
主持到校後的第一次新生入學考試，
鑑於前一年才發生過洩題事件，傅校長嚴申「辦理考試，
在關防上必須嚴之又嚴……印題目時，
當把印工和職員全都關在一樓上，斷絕交通，
四圍以臺北市警察看守，僅有校長與教務長可以自由出入。
考題僅在考試前數點鐘付印，考試未完，監守不撤。」
這就是『入闈印題』在臺灣的濫觴，
也奠定日後臺灣聯招闈場模式。
闈場

校史館也曾是大學聯招的「闈場」。

的年代，兼具學者胸懷和硬漢風骨的他，期勉校內的每一個份子，無論時局世事如何變化，都能堅持『貢獻這個大學于宇宙的精神』。這句話援引荷蘭哲學家斯賓諾沙（Baruch Spinoza，1632-1677），句中『宇宙的精神』則強調本校設立的目的，在於追求宇宙間一切永恆而無限的真理。

校史館除了展示校務正史之外，最能打動人心，令校友找到認同與歸屬感的，就是歷年來校園生活各層面的常民史。校園生活區表現出臺大人由過去至現在的食、衣、住、行、育、樂的許多點滴，藉由一幀幀珍貴老照片、一則則代代傳承的老故事、一件件卸下重擔的老教具，讓畢業的校友重溫過去的時光，也讓仍在學的同學們緬懷過去生活上的點點滴滴。

本站導覽解說時間：約五至二十分鐘。

第13站：臺大農場、舊高等農林學校作業室

舊高等農林學校和帝大時代的農業、農場等建物，位置分散較廣。因此，本站不是一個單一的導覽「點」，而是配合其他站、專對農場或某一農業建物等，可以任意切割、選擇的導覽方式，端視「顧客」的需要，並以客為尊，本文不過做一個綜合簡介。

按臺大建築與城鄉研究所提《臺大管有之殖民時期建物及宿舍調查研究報告》（二〇〇三年），在農業、農場方面，區分農業部用地、第一、二農場區。

農業部用地區有氣象館、記錄室、地質館（後棟）、昆蟲館、養蠶飼蟲室等五棟。一九三三年興建的氣象

1935 校總區農場分圖（倭竊時期）

館，兩至三樓的磚造RC混構，現作為會議室研究室等空間使用。

一九三二年完成的記錄室（原氣象觀測所區內建物），一層的磚造RC混構，目前大氣科學系作為電腦網路儀器室。

一九三七年興建的地質館（後棟），一、二樓現作實驗室，三樓為標本陳列室。一九三六年興建的兩層樓昆蟲館，目前作為昆蟲系館的標本展覽室。

落成於一九三五年的養蠶室，一層樓磚造，有四棟空間，兩棟昆蟲系研究空間，另兩棟目前行政院農委會使用。

第一農場區有四棟建物。分別是一九三五年興建的農藝系實驗室、一九二

2008 年校總區農場分布圖

思想起臺灣
蓬萊米的原鄉
磯永吉教授
舊高等農林學校作業室
Ernst Leitz Wetzlar

穀粒胴割検定器

田中氏穀粒硬度測定計

旋轉式切片機

五年興建的農場辦公室、一九三五年的麵包加工廠、一九二六年的農藝系雜草管理研究與倉庫。第一農場區在民國十三年即是倭據高等農林專校的實習農場所在，部份建物比帝大更早存在，目前仍使用中。

第二農場區建物都完工於一九三三到三五年，有畜產系學生育樂中心、育雛室、畜產系飼料倉庫、肉品製造學研究室、秤牛棚、牛舍（牛棚）、畜產系家畜營養研究室。位於基隆路三段的第二農場區，自一九三五年以來即如今之風貌，已經半個多世紀仍保存良好使用中。

以上各古建築物之中，名氣最大且能特約參觀的，是興建於一九二五年的臺北高等農林學校實習農場，在現在臺大印發的DM稱「舊高等農林學校作業室」（蓬萊米的原鄉）（如附

圖），筆者多次前往參觀，並和朋友攝影留念。

帝大之前的舊高等農林學校建物，有一棟現在還很夯，每天都如同一個小市集般熱鬧，這是位於行政大樓和小小福之間紅磚和木造平房。目前是洗衣部、理髮部、大陸社等使用，它是農林學校的教室，導覽時可以納入鹿鳴廣場或行政大樓站順帶一提。

臺北帝大時期的農場系統很大，有六個平地農場及一個山地農場，分別是：

◎**一號農場**：校總區農業試驗場。

◎**二號農場**：芳蘭山凹的義芳居古厝前。

◎**三號農場**：今畜牧系和牛羊舍一帶。

◎**四號農場**：今生命科學館所在。為林學苗圃。

舊高等農林學校作業室前，左起：朱堂生、筆者、
吳信義師兄，2012 年春。

◎五號農場：今地質系館後棟，原是帝大中村三八夫教授使用，後興建成畜產學教室。

◎六號農場：今管院一帶，田中長三郎種植果樹苗圃的地方，戰後借給美軍第十三航空隊使用（見下站解說），另換得今之安康農場。

◎一個山地農場：今南投清境農場上方的梅峰農場和春陽分場。

舊高等農林學校作業室是現存臺大農場最古老建築，面積一一九坪，木結構，西洋式三角形屋架，牆壁是木骨土牆，外覆雨淋板，屋頂覆倭國式瓦。內部空間有數個作業室、攝影暗房、種子冷藏庫等，二〇〇九年七月二十八日公告為古蹟。

本站導覽解說時間：農場適合觀景、散步，時間可能較長，也可簡約成十分鐘。

第14站：龜山聚落：尊賢館、二活、雅頌坊

現在公館地區水源市場、捷運大樓、尊賢會館、二活、管院一帶，在清代（雍正、乾隆兩朝開始），就有福建泉州安溪人到此墾拓，此後的一、二百年，這一帶的居民以陳、林、張、李等姓為主。

現為二活（臺大第二學生活動中心）週邊地區，住的是林姓家族（公館地區共有一〇九戶），因旁（今尊賢會館）有一座龜山，所以也叫「龜山聚落」，地屬農場里八鄰。

從高等農林學校、帝大選擇在公館建校，相信對這裡的農民、住戶必定是惡夢的開始，他們的土地要被全面徵收。想像當年這裡的人有沒有像現在起來抗議、遊行？或有沒有「釘子戶」？判斷是沒有？小農有幾條命？

昔日公館林家的紅磚厝，山牆以穿瓦披覆。
（照片提供：黃智偉）

帝大建校徵收不少林家農田，也移平了龜山，少數住戶維持到一九八○年代。臺大要興建二活、管院、尊賢館等，那些古厝在沒來得及成為被保護的古蹟，就全被徵收拆除。為感念原住戶配合臺大的讓地遷居，也紀念地方民俗、人文事蹟，在尊賢館旁建紀念碑亭，名「伯公亭」。施工期間曾將土地公暫移到水源市場，民國九十六年完工後迎回碑亭內。

一九四九年，臺大突然多出很多人（學生、老師、行政），學生要住在那裡？此期間正好傅斯年校長任內（三八年元月—三九年十二月），今之捷運公館站是此時期的臺大學生宿舍。

龜山聚落外的瑠公圳與昔日帝大界碑，照片中位置在今天臺大管理學院停車場一帶。（照片提供：黃智偉）

捷運公館站的大樓前身是臺大學生宿舍，路信先生在 1949-1950 年間寓住在此。路統信小檔案：1949 哲學系肄；1963 森林系畢；1993 臺大農學院技正退休。

公館林家（龜山聚落）遷走後，臺大為示感恩建「伯公亭」。

前文講到，在帝大時期的臺大農場「六號農場」在今管院一帶，有田中長三郎在此植果樹苗圃，光復後則屬臺大農場試驗場園藝分場。至一九五五年，因國際情勢需要，將園藝分場徵收作為「美軍第十三航空隊」使用，並興建小教堂。

一九七五年越戰結束，十三航空隊撤離，該地區由國防部軍法局進駐；至民國八十二年間，國防部聯訓部仍借用這地區房舍，之後臺大逐年回收校地，至今校本部內已無非臺大單位佔用。

美軍全部撤離台灣後，小教堂閒置多時，二〇〇八年小教堂經翻修，命名「雅頌坊」（The Odeum），成為「臺

臺大校園內最老的古物（尊賢館旁），已有二千多萬歲的「公館凝灰石」。

大藝文中心」，專舉辦校內各項藝文活動。而軍用辦公室成為教室，軍官俱樂部改成管院交誼廳，軍用車棚已成為臺大幼稚園。

這是小小一塊土地的前世今生，土地不死不生也不跑掉，只是一代代人在這裡生老病死、成住壞空，在這裡爭權奪利。土地若有知，不知如何看待我們人類？

補記：關於美軍第十三航空隊何時進駐臺大校園？在《解讀臺大的82個密碼》、《臺大人文風情》和臺大藝文中心印的《紙上花園》小冊，三本書三種說，恐須另查核。再者，可靠資料顯示，十三航空隊進駐時，國防部撥給臺大三百五十萬，這是當時的助教康有德負責去議價的。後來簽約由農學院代院長顧元亮教授和國防部次長陸軍中將黃占魁將軍行之。

按《臺大人文風情》一書，國防部於一九六三年徵收校地，一九七五年撤離臺灣，前後使用十二年，此說較為正確。

美軍離台後，小教堂如何轉型成現在的「雅頌坊」，為臺大的藝文表演中心，也有一段「小歷史」。據藝文中心主任洪淑苓教授說，二〇〇五年受命成立臺大藝文推展工作室，二〇〇八年改制成藝文中心，但苦無專屬辦公場地和表演場地，乃在校園中尋找，時任副校長的包宗和教授也鼎力支持，幫忙尋找地方。某日，包副校長透過盧秘書告知，可以試著整修作廢很久的小教堂，於是，終於……

二〇〇九年三月六日，整修好的小教堂，恭請李嗣涔校長命名「雅頌坊」，並揭幕啟用，從此許多藝文活動在這裡展開，包括小西園布袋戲、雲門舞集2、屏風表演班等。一座已廢棄的小教堂，有如此豐富的新生命，代表創意的無限可能！

本站導覽解說時間：本站並非獨立一個「點」，分散成多個小站，可配合各站任選參觀點。

第15站：洞洞館、農業陳列館

臺大人共同記憶的「洞洞館」，是包括三棟建築物，農業陳列館（一九六二年完工）、原農經農推系館（後為哲學系館，一九六三年完工）、人類學系館（一九七〇年完工）。

目前只剩下由張肇康建築師（見補充資料）設計的農業陳列館，已於二〇〇七年元月十一日，經臺北市政府公告為歷史建築，餘兩棟已拆除。農業陳列館以現代材質，表現中國建築的傳統元素，其牆面鑲嵌著琉璃筒瓦；綠色小者，象徵稻葉，黃色大者，象徵稻穗。而白色底牆則象徵稻田，門口有頭戴銅製斗笠的老農夫迎接來賓。作為臺

38 學年度落成啟用的臨時教室，是臺大最早興建的大一共同科目教室，位在大門入口左側。後方為 1962 年興建的農業陳列館（第一座洞洞館），東側是尚未完工的農經暨農推系館（第二座洞洞館）。圖中走道左側豎有佈告牌，後方矮牆外毗臨新生南路，瑠公圳大排渠道隱約可見。（取材自 52 學年度畢業紀念冊）

灣農業成就之對外展示館，也是過去外交貴賓訪台時的重要接待處。

農陳館籌建的背景是五〇年代初期，由時任副總統的陳誠先生與中國農村復興聯合委員會主委蔣夢麟博士提出成立構想，農復會的經費補助建成。

原本三棟各自獨立的洞洞館，共構成中國式院落空間，在以西方古典建築為主的椰林大道旁顯得特別突出。農陳館也是戰後國內第一代建築師試圖融合西方思維的作品，在建築語彙上有重要意義。

從建築結構上看，不論中外建築體都有屋頂、柱牆、臺基三個主要元素，但中國傳統建築的經營重點在屋頂，而西方則在柱牆比例彫飾等。故西方人從屋頂解讀中國傳統建築，稱吾國

洞洞館剛落成時，周邊仍是空曠地。

1970 年代保釣運動時，臺大大學論壇社懸掛於洞洞館的抗議標語。
（照片提供：鄭鴻生）

1971 年 4 月保釣運動，在臺大校園的洞洞館掛起一幅標語「中國的土地可以征服，不可以斷送。中國的人民可以殺戮，不可以低頭。」
（翻攝自《臺大創校六十週年特刊——榮耀與分享》）

建築叫「屋頂的建築」。農陳館試著融合東西方思維，進行現代主義和中國傳統的對話，創新精神甚為可敬。

看農陳館立面，以琉璃筒瓦所構成的帷幕牆是主要語彙，藉由懸臂梁結構將二、三樓的筒瓦帷幕出挑，也等於將中國式屋頂抽象化，加上琉璃瓦屋頂，更見設計者經營中國式大屋頂的用心。張肇康設計時絕對想不到，半個世紀後兩岸政壇流行起「大屋頂中國」的政治語彙。

再者，一樓屋身刻意退縮，襯托二、三樓的出挑，也建構出中國式迴廊的過渡空間感。帷幕上的琉璃筒瓦亦分兩色，綠色小者象徵稻葉，黃色大者象徵纍纍的稻穗，整體象徵農本精神是我國重要的歷史傳統。

洞洞館這塊土地也曾有若干未完成的夢想。首先在帝大建校之初，原計畫在此興建「行政中心本部」（另見行政大樓站），因各項原因到二戰結束均未興工，暫用的行政大樓終於永久成為臺大至今永久的行政中心。

將要拆除的洞洞館

農業陳列館門口

至一九六〇年代，臺大計畫在此興建文教中心，規劃有四棟獨立的建築物，先後完成三棟，第四棟自然歷史博物館並未興工。近年又已拆除兩棟，只留下農陳館，規劃中要建成「人文大樓」，可能是公館新地標了。

臺大的活歷史路統信先生在「臺大教室變遷六十年」（教室篇二），這篇文章（收在《臺大人文風情》）中，講到一個小小故事，讓人大大的感動。

一九八八年時，農推系要遷出洞洞館，由哲學系進駐。農推系以洞洞館為家的日子正式告終，同學們用專車把已退休高齡八十五的楊懋春教授請回來，他是第一代系主任。同學們覺得這是一個時代的結束，或許讓老師回來看看最後的巡禮。沒想到楊懋春老師看了看洞洞

館，突然就心肌梗塞發作，緊急送到醫院就走了！可見洞洞館確實牽引著一些臺大人的情緒，而那情感是很深、很深的。

另有一篇韓旭東（七十四年人類學系畢業、現專業木彫創作者），「洞洞館拆除前夕」。「第一片洞洞館切下來了／有一則神話／系友們每人切下幾塊洞洞保留／若干年後我們找一處適當的地方／再一塊塊接回去／像復原一個破碎的陶罐／把洞洞館重新組起來／我的一個同學如是說。（見《臺大人文風情》）。」

導覽員補充資料：

台灣大學農業陳列館　1963

張肇康、虞日鎮（有巢）

張肇康　1922—1992

一九二二年生於廣東，成長在香港。曾祖父為前清道台，父母皆出身商賈世家，至日軍佔領香港，家道衰落。一九四六年在上海聖約翰大學完成建築教育，隨後進入基泰工程顧問公司，於楊廷寶手下工作。一九四八年，大陸政權易手之前，張肇康赴美至伊利諾理工學院深造，一九四九年進入哈佛並同時於麻省理工學院修習都市計劃與視覺設計。一九五〇年自哈佛畢業後，留美工作至一九五四年，期間曾服務顧於葛羅培斯創設的聯合建築師事務所（The Architects Collaboration, TAC）。一九五四年應貝聿銘之邀，返台參與東海大學建校建築工作。六〇年代初，東海設計工作告一段落，張肇康離台赴港，一九六一至六五年間加入甘銘（Eric Cumine）建築師事務所；一九六七年結婚，並舉家遷往紐約。一九七五年再回港定居，一九九二過世。他在港的最後十七年間，除實務工作外，也投身教育並深入研究傳統民居。一九七九年始，在香港大學建築學院兼課，教授建築設計與中國建築史，同時開始深入研究中國傳統民居建築，更於一九八三年與瑞士建築師 Werner Blaser 作了趟一萬二千公里的旅行，踏遍中國內陸及沿海以漢人聚居為主的省份，因此有了一九八七年與 Werner Blaser 合著的《中國：建築之道》（Tao in Chinese architecture）一書出版。一九九二年，張肇康過世，兩年後，一九九四年，台灣在東海大學與台灣大學各舉辦了一場回顧展。

張肇康在台灣是一個鮮為人知的傳奇人物，存在，卻沒有聲音。在建築界難免有一些作品歸屬或個人恩怨的爭議與紛擾，但關於張肇康，卻極少聽到類似雜音，或許跟他沒有台灣建築師牌照或過早離台有關。按時間來看，張肇康五〇年代在東海大學的作品，是他個人意志力展現的初步嘗試，至於本文要討論的台大農業陳列館（俗稱洞洞館，一九六三年完工），基本上也延續了五〇年代的風格，但脫離了早年受日本建築影響的痕跡。

洞洞館是六〇年代不可多得的佳作，被認為在追求現代中國建築的路線上「已超過了東海大學校舍上的實驗，甚至比貝聿銘晚期的香山飯店更能詮釋如何將傳統造型轉化成現代抽象形式的意味」。關於這點，日本建築師西澤文隆亦有同樣看法，他說洞洞館是「…在台灣現代建築中有Details，設計密度較高的一例」。這個作品對之後一整個世代的影響非常顯著，特別是花隔磚、琉璃筒瓦的運用更是影響深遠。這一位直接師承西方第一代前衛建築大師的創作者，在台灣幾乎不為大眾所知，不過走過的必留下痕跡，事實勝於雄辯，張肇康面對傳統包袱和時代的求變氛圍，藉由洞洞館，還是為我們寫下了台灣建築最珍貴的一刻，也用作品見證了時代。（以上部份節錄）。

本站導覽解說時間、較詳細約廿五分鐘，可簡化成五分鐘。

當時的農陳館是國外元首與外賓來臺必定參訪處，故有臺大「櫥窗」的雅號。（照片提供：洪培元）

左圖：張肇康與夫人，1967 年。（出處：徐明松數位掃描提供，王大閎保存）

中圖：張肇康攝於香港太平行大樓工地，1968。（徐明松數位，王大閎保存）

右圖：張肇康與王大閎長子王守正合影，60 年代。（出處：徐明松數位掃描提供，王美惠保存）

第16站：臺大博物館群

臺大自帝大前後（及農林學校時期），至今近百年的發展史，由於諸多因緣和合，擁有全臺所有大學中，最多「奇珍異寶」的大學。這些「寶物」，是臺大、社會與國家之重寶，須有良好的地方永久典藏、紀念、運用，以啟蒙及教育代代中華子民們！

經多年努力，在總圖書館統籌規劃下，於二〇〇七年校慶當日，由李嗣涔校長敲鑼宣佈，「臺大博物館群」完成正式啟動，共有十個博物館共同運作。其成立意義在使各博物館室在整體標識下，改善典藏展示環境，於既有教學研究外，提供參觀積極推廣，期發揮社會教育功能，開創臺大社會新形象。

參與運作的十個臺大博物館群分別是：校史館、人類學博物館、地質標本館、物理文物廳、昆蟲標本室、農業陳列館、植物標本館、動物標本館、檔案展示室、醫學人文博物。以上十者，各站已簡介有：

◎動博館、植博館、物理廳：見第三站、第六站。

◎地質館：第六站。

◎校史館：第十二站。

◎農陳館：第十五站。

針對尚未簡介的四館（人類、昆蟲、檔案、醫學），做一簡略介紹，醫學館不在「公館地區」，仍是館群範圍，一併提示以方便導覽員之運用方式。

人類學博物館

臺大人類學博物館有豐富的典藏品，是從一九二八年帝大「土俗人種學講座」開啟以來，有系統性的採集和累積的成果，考古學標本約數十萬件。

光復後改制的臺大，很快成立了考古人類學系，並擴大考古研究規模，目前收

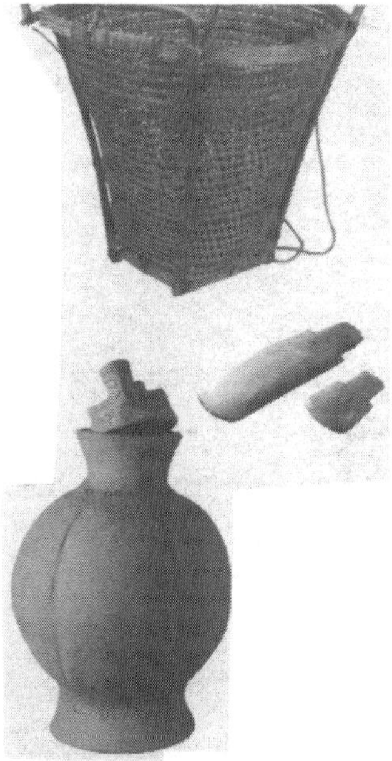

藏包括實體標本和影音資料（相片、影片和錄音）。

實體標本分別屬於民族學和考古學兩個主要範圍，影音資料部份仍在處理中；部份已公開，可上網搜尋（http://www.darc.ntu.edu.tw/newdarc/darc/index.jsp）。

原先人類學系標本陳列室時期，分別有「考古學標本」和「民族學標本」。二〇一〇年到校史館（舊總圖）西側新場地，規劃出更好的展物，更能展示學校師生辛苦的成果，發揮學術研究和文化保存之價值。

本館民族學藏品共有五千多件，最早可追溯至一八九五年由在臺灣進行原住民研究的先驅伊能嘉矩所採集之珍貴藏品，如泰雅族貝珠衣、馘首標幟，及平埔族雕刻和衣飾等。到了一九二八年臺北帝大「土俗人種學講座」成立標本室，移川子之藏和宮本延人等為推展民族學研究，才開始系統性累積各族物質文化標本。

目前的展示分為兩部分。西翼入口一樓部分「考古學

自羅娜村遠望玉山 宮本延人攝 1938 年

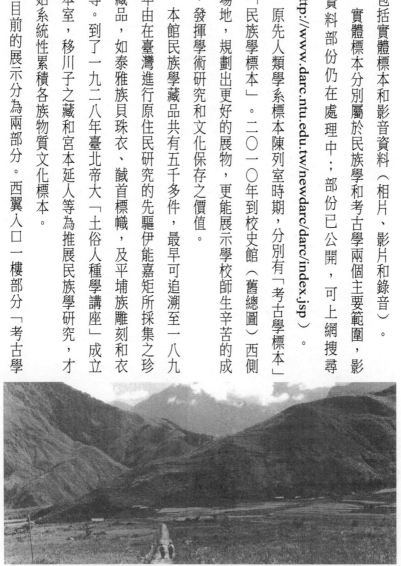

田野調查」與「民族學田野調查」的單元，以照片來介紹人類學研究的重要方法——田野工作。尤其以考古學來說，本系絕大多數的藏品都是歷次包含大學部田野實習課程發掘所獲得的研究資料。

一樓往二樓的樓梯旁，以人物與標本室的相片介紹臺大人類學系的歷史與特色。二樓是「民族學展示廳」，展示臺灣原住民的物質文化。在轉入「民族學展示廳」前，太平洋島嶼的地圖、海景的相片配合器物與文字說明，烘托出了一個以海洋為主的南島世界，引導觀眾進入一個同樣使用南島語言的臺灣原住民的生活世界。

「民族學展示廳」內，大型與T型展示櫃中分別陳列了各原住民族群的物質文化，另有兩區以專題形式陳列陶甕與石、木雕。另外邵族的獨木舟與蘭嶼的拼板搭配有大幅照片，盡可能呈現出器物在生活中的面貌。由於「民族學展示廳」藏品主要來自臺北帝大時期，少部分來自本系教師於一九五〇、一九六〇年代的採集，採集當時距今已有百年到五十年的時間。展示的方式除了呈現器物收集當時的時代氛圍以外，「光影走廊」

則將時間緩緩延伸到當代，而觸及了關於文化延續與文化創新的思考。展示廳中還有簡報影片循環放映，另外也有兩台電腦可以進一步搜尋展品資料，或玩玩小遊戲，觀眾可以試試對本廳展品的熟悉。

臺灣大學人類學系「人類學博物館」由教學與研究為主的小型專業人類學博物館，轉型為對社會大眾開放兼具社會教育使命的大學博物館。新的場地、新的使命與不同的展示觀念，在在都是本系為推動臺灣社會跨文化理解所做的努力。

昆蟲標本室

臺大的昆蟲標本採集和典藏，始於一九一八年全島性採集，標本室則成立於一九三

位於羅斯福路 4 段 113 巷的昆蟲館

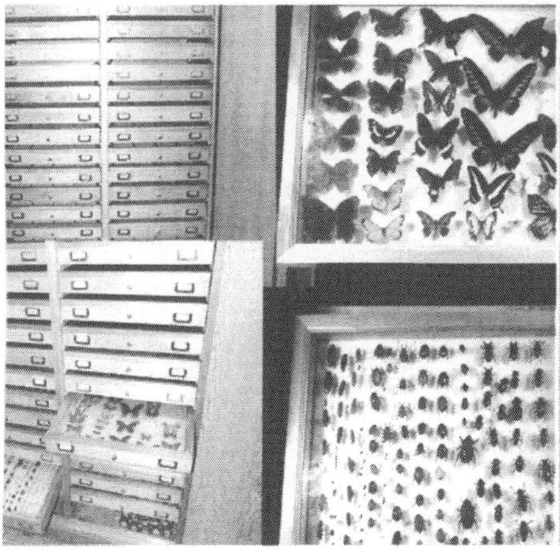

粉彩畫：
莊文岳先生繪

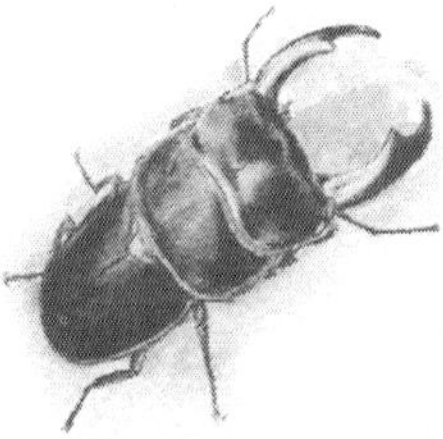

六年，是目前國內昆蟲標本中，最具歷史意義的典藏資產。其中尚有一些百年以上老標本，以及無數珍貴標本。

標本收藏源於十八世紀初期，而後成為昆蟲生態研究的必要途徑。除有助科學研究，更提升成一種文化資產，現代更是創意產業之一部份。

一九八〇年開始，在國科會的鼓勵下，昆蟲學系師生積極展開臺灣昆蟲相調查，使得昆蟲標本數量激增。蒐藏之標本超過三十三萬個體，依性質可概分為模式標本、研究標本、教學標本、展示標本四類。臺大昆蟲標本室珍貴又豐富的昆蟲標本蒐藏，是關心昆蟲學界發展重要的文化資產。

目前收藏總量超過四十萬個個體，為當今舉世數所著名昆蟲標本館之一。特殊的島嶼位置，使得台灣相對於大陸型國家擁有更豐富的昆蟲相，目前已調查的昆蟲只為全台昆蟲種類九%，仍有許多未知的小生命等待研究人員去發掘與研究。目前館內僅提供學術研究申請，並不對外開放。但熱心參與教育推廣的昆蟲系，曾多次提供標本參加聯展，舉辦昆蟲研習營等，有機會你可藉由參加活動認識這些有趣小小生物的故事喔！

醫學人文博物館

醫學人文博物館位於醫學校區，館舍建於一九〇七年，由近藤十郎所設計，採用法國風格後期文藝復興樣式。本館之保存與修復，以注入人文精神於古蹟建築為主，並彰顯其長期伴隨臺灣本土醫學發展的珍貴歷史價值。啟用後，主要做為本院醫學人文教育、醫學文物展示及校友師生交誼之中心，期能激勵學生師法前人、承先啟後，發揮潛移默化的教育功能。館內的醫學文物展示室定期舉辦專題展示，揭示本院在

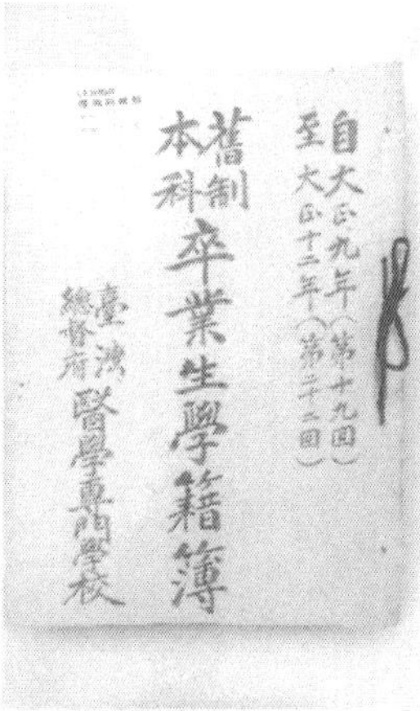

臺灣醫學發展之貢獻，展現醫學各領域在臺灣發展之過程及特色，並提供教師做為醫學人文領域之教育及研究材料。

檔案展示室

繼二〇〇五年完成台大檔案回溯建檔工作後，二〇〇六年推動台大檔案管理整體發展改進計畫。二〇〇七年結合檔案搬遷水源校區及參選國家金檔獎，更進一步規劃台大思源典藏計畫，以發展檔案展覽、檔案數位典藏、檔案修護等三大專案子計畫：

一、檔案展覽專案計畫

除規劃專業的展品辦理各項特展活動外，將建立與博物館群及各院系檔案合作連結，並設立檔案志工社群，開拓檔案活

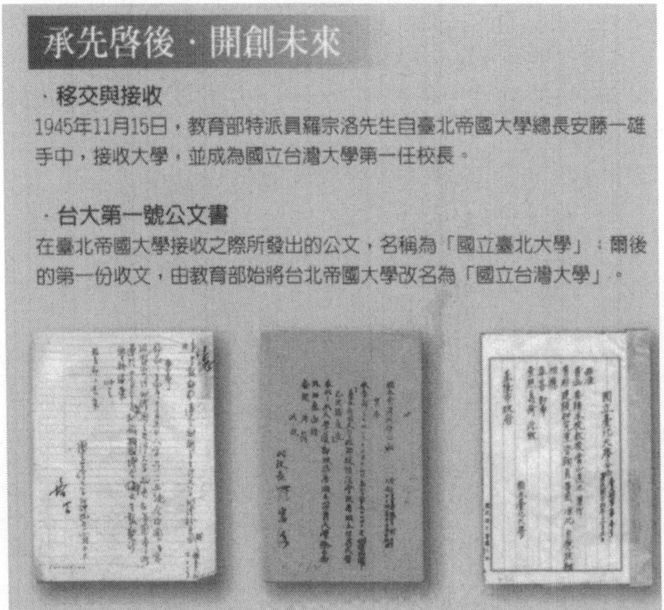
承先啓後・開創未來
・移交與接收
1945年11月15日，教育部特派員羅宗洛先生自臺北帝國大學總長安藤一雄手中，接收大學，並成為國立台灣大學第一任校長。
・台大第一號公文書
在臺北帝國大學接收之際所發出的公文，名稱為「國立臺北大學」；開後的第一份收文，由教育部始將台北帝國大學改名為「國立台灣大學」。

層面。

二、檔案數位典藏專案計畫

結合各項國家數位典藏計畫資源及技術，提供檔案數位典藏內涵，開創檔案應用層面。

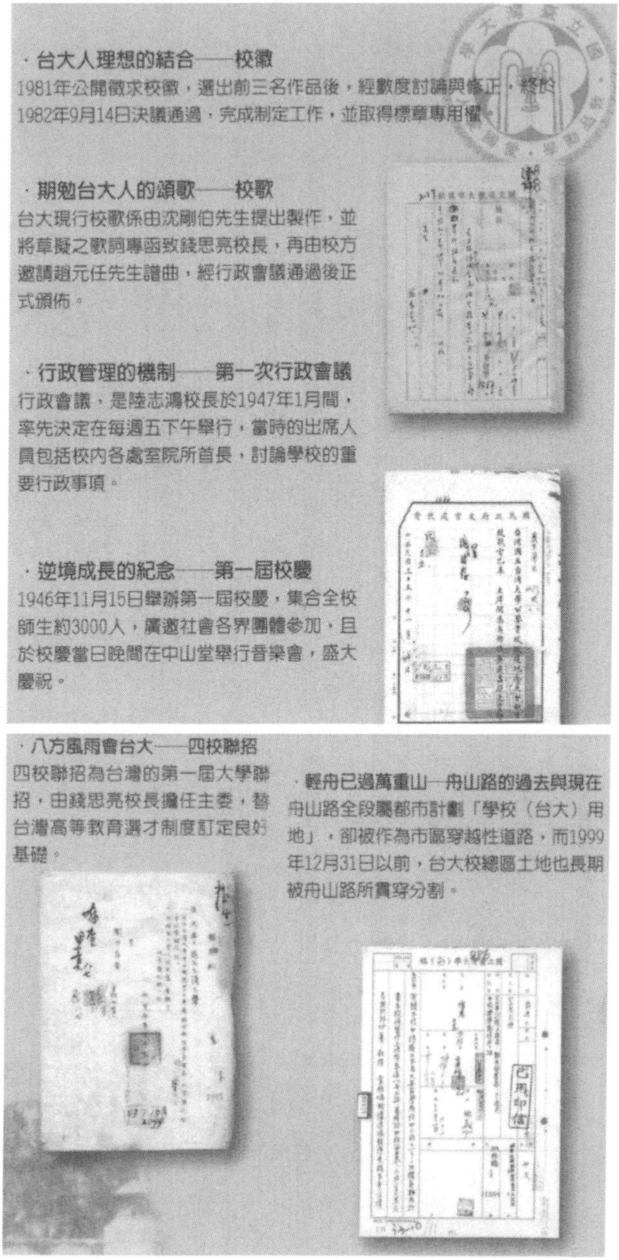
·台大人理想的結合——校徽
1981年公開徵求校徽，選出前三名作品後，經數度討論與修正，終於1982年9月14日決議通過，完成制定工作，並取得標章專用權。
·期勉台大人的頌歌——校歌
台大現行校歌係由沈剛伯先生提出製作，並將草擬之歌詞專函致錢思亮校長，再由校方邀請趙元任先生譜曲，經行政會議通過後正式頒佈。
·行政管理的機制——第一次行政會議
行政會議，是陸志鴻校長於1947年1月間，率先決定在每週五下午舉行，當時的出席人員包括校內各處室院所首長，討論學校的重要行政事項。
·逆境成長的紀念——第一屆校慶
1946年11月15日舉辦第一屆校慶，集合全校師生約3000人，廣邀社會各界團體參加，且於校慶當日晚間在中山堂舉行音樂會，盛大慶祝。
·八方風雨會台大——四校聯招
四校聯招為台灣的第一屆大學聯招，由錢思亮校長擔任主委，替台灣高等教育選才制度訂定良好基礎。
·輕舟已過萬重山—舟山路的過去與現在
舟山路全段屬都市計劃「學校（台大）用地」，卻被作為市區穿越性道路，而1999年12月31日以前，台大校總區土地也長期被舟山路所貫穿分割。

三、檔案修護專案計畫

提供專業裱褙環境，培育檔案裱褙修護人才，並推廣檔案修護課程，開展檔案維護概念領域。

從前認為的「檔案」是歸檔後的公文，現在的「檔案」是歷史軌跡的重要紀錄，未來的「檔案」將是人文歷史的精神藝術，「檔案」在結合資訊科技的傳播與專業技術應用後，已展現廿一世紀多元價值的新風貌與新意象。

台大檔案記載台灣近代學術發展的點點滴滴事蹟，蘊含學術菁英追求卓越的兢兢業業精神，收藏曾經是台大人努力耕耘的歷歷種種記憶，在這次檔案搬遷水源校區後，將逐漸展現這些珍貴重要的歷史檔案，讓台大的歷史風華再現，讓台大的人文藝術重登高峰。

臺大檔案自一九四五年迄今，記載臺灣大學學術發展的事蹟，典藏臺大人辛勤耕耘的軌跡，於二〇〇七年八月搬遷至水源校區飲水樓後，成立檔案展示室，其展示主題為：「從檔案中洞觀歷史，在檔案中品味藝術」，並分為六個展示區域：大學誕生、承先啟後、風起雲湧、檔案印信、檔案工作及臺大精神象徵等，並運用數位資訊及金石藝術的技巧展示，旨在重視檔案中人文歷史的絕代風華，展現檔案中多元價值的新意象。

臺大博物館群的導覽解說方式有：

第一種：從校史館參觀「博物館視窗」，一次盡覽。

第二種：配合各站，任選參觀解說。

第三種：針對各博物館，逐一或任選參觀。

第17站：補附臺大校園零星小站

所謂補附小站，是指在臺大校園導覽內容上，尚未成為一個須要解說的「獨立點線」，而這些有特色的獨立點、線，在校園導覽站（線）上，總會經過或看到，導覽員可以隨機介紹、說明，以二至三分鐘的提示，可以彰顯一個小站的存在意義。尤其有些是臺大的特色，地球上僅此一處，別無分號。

△李學勇樹：地球上僅此一株的樹種

在臺大住宿組旁、轉彎道的路中央，有一株地球上唯一的樹種，因是植物系李學勇教授於一九六五年育成，故我稱「李學勇樹」。這是一株人工雜交種桃花心木，總務處於二〇〇八年特立一牌說明：「桃花心木有兩種，小葉種木材品質極好但生長緩；大葉種則相反。本株雜交種桃花心木為利用兩種桃花心木雜交而來，由臺大植物系指導林業

桃花心木有兩種，小葉種木材品質極好但生長緩慢；大葉種則相反。本株雜交種桃花心木為利用兩種桃花心木雜交而來，由臺大植物系*指導林業試驗所，於1965年育成，是各國林學界唯一成功的人工雜交種。請大家一同愛惜保護。位於您右側的大葉桃花心木，就是親本之一。
There are two species of Mahogany. One of the species grows slow and has good wood quality, the other is just the opposite. This is the only man-made hybrid Mahogany, which was crossbred from these two species by the NTU Botany Department* and the Taiwan Forestry Research Institute in 1965. It is therefore very valuable and worth protecting. The Honduras Mahogany on your right is the male parent of this hybrid Mahogany.
植物所教授 李學勇 記
前國立台灣大學植物學系教授
兼國立中央大學生物學教授
李　學　勇
Siao-Jong Li, MS

試驗，於一九六五年育成，是各國林學界唯一成功的人工雜交種。請大家一同愛惜保護。位於您右側的大葉桃花心木，就是親本之一。　植物所教授　李學勇　記」。

下回您帶著來賓經過這株樹旁，別忘了介紹：「這個品種的桃花心木，地球上只此一棵，這可是真的寶物！」

△愛德華．孟克「吶喊」

白千層校園很多，但你見過這棵嗎？白千層又叫玉樹油，可供蒸餾，用做香料，皮做紙，幹為用材，乃有用之才。

鹿鳴廣場的白千層、琉球松是北市保護的老樹，高齡約五、六十年。在耶林大道旁，發現這棵白千層，形像愛德華的「吶喊」。

△公的鐵樹和母的鐵樹

帶著訪客參觀校園，若正好碰到「鐵樹開

白千層的吶喊

人間福報 2013.7.23.

文與圖／陳愛珠

盛開的花朵叫人憐愛，青翠的樹木也很吸睛。

蒼勁的老樹雖然容顏不再，但其枝幹變化萬千，引人遐想。

在台灣大學椰林大道旁邊，發現這棵白千層，樹幹明顯現出一個人形，有鼻子、眼睛、嘴巴，像極了一幅世界名畫，對了，就是畫家愛德華．孟克的「吶喊」，你看出來了嗎？

花」（文學院旁、行政大樓前），你知道如何介紹誰是公、誰是母的鐵樹嗎？看下圖就一目了然！

古時以鐵樹開花為難得一見之事，但生長在亞熱帶的蘇鐵，年年可見開花。（「蘇鐵」和「台東蘇鐵」樹種不同，可見《臺大校園自然步道》一書。）

台東蘇鐵雌花序

台東蘇鐵的雄花序

一號館旁的老樟樹，也是校園裡最大的樟樹。

△臺大校園內大樹第一名

一號館旁這棵巨大的老樟樹，胸圍約為三四五公分，目前在校園內排名第一老，經過時記得行「注目禮」，以示敬老。

臺灣早年是「樟腦王國」，倭人據台時大量砍伐，導至今日島上天然樟樹林已瀕臨滅絕。校園這棵「樟樹老爺爺」顯得更加珍貴！

△運動場的古今面貌

二〇〇一年六月啟用的綜合體育館，為臺北市各大專院校中第一個大型室內體育運動場館。由沈祖海建築師事務所設計，地下二樓、地上五樓的量體，建物高度40.9米，三—五樓為主球場與觀眾席，可容納近五千人，校內活動如：新生入門書院、新生家長日、校慶、杜鵑花節學系博覽會、畢業典禮等都在此舉辦，為校內最重要的大型集會地點。同時，臺大校隊獲獎無數，在九十八年度全國大專運動會中共獲得四十面金

運動場原地名「九汴頭」，因瑠公圳在此設有水閘，分出九道水流灌溉大安一帶農地，民國十九年日人闢場後，稱競技場，為台灣許多種運動發祥地。

牌、二十七面銀牌、十九面銅牌，在全國一六二所參賽學校中，排名第二，僅次於國立臺灣師範大學。

△全臺大學校園中唯一的一口煙囪

也在「李學勇樹」附近，有一口高大的煙囪（如圖），臺大校園怎會有一口如此高大的煙囪，且是臺灣其他大學所沒有！

原來這又和倭國的侵略主義有關，它建造於一九三一年，由馬場為二主持的釀造學講座管理，進行丙酮（Acetone）和丁醇（Butanol）的醱酵生產實驗。

倭國要丙酮和丁醇幹啥？原來倭人早知他們缺乏石油，要研究替代飛機燃料。果然，一九四三年馬場教授成功的從臺南產的玉米，經醱酵作用生產出丙酮和丁

煙囪資料大解碼

煙囪本體

- 建造年代：昭和6年（1931年）3月19日
- 高度：約20m（推測應是臺北帝國大學時，校內最高的建築物）
- 直徑：6.188m（以距地第一節的節線為準）
- 第一節的高度：170cm（從節線到地面）
- 第二節的高度：138cm

（註：從煙囪底部連接到一條磚造管道，高度約37.4cm，剛好是第一節與第二節的長度差。由此推測每一節的長度應該相同。）

- 煙囪表面釘的釘子：共17個，每個約7.8cm長
- 煙囪表面維修用鐵梯的殘留痕跡：梯寬34cm
- 煙囪後方有個應該是用來清除灰燼的鐵製小門，鑲在煙囪上
  - 外框：寬59cm、長75cm
  - 內框：寬45cm、長61cm
- 煙囪內的地面：約比外面深10cm
- 煙囪管壁厚度：46cm

煙囪旁的鍋爐室

- 爐壁厚度：62 cm
- 爐門大小：42×37 cm

測量者：康文旗、陳慧文、陳瑞霖、楊松翰（2006年12月22日測量）

醇，替代部份航空和工業用燃料，舒緩盟軍封鎖的困局。

美軍也很聰明，他們知道當時臺灣的糖廠也在生產「軍需品」，所全島煙囪都成了轟炸目標。據聞，只有六處倖免於難，臺大煙囪是存活的六者之一。

另外如以下各景點，雖非獨立的參觀點，但經過時總要介紹一下，這是「黑森林」，因為……

大煙囪旁的鍋爐排氣口

葉簇熱情的蒲葵道

蒲葵與椰子樹同屬於棕櫚科植物，而常遭人誤認，莖部相似的環形紋路是成長過程中葉片掉落的痕跡，代表著生命的粹煉。不過蒲葵葉像極了一把大圓扇，仔細辨認可看出與椰子樹的不同。

樹型粗壯通直、葉簇優雅高貴、洋溢著海島熱情的蒲葵，花期主要在春季，盛花時淡黃色的小花掛滿枝頂，細緻中又不乏豪氣，頗值得玩味。

除校門口沿著傅園排列著蒲葵樹外，你發現了嗎？在農業陳列館前的道路兩旁，也種植了長長的蒲葵道，在湛藍的日空下閃耀。離開前別忘了，抬起頭看看正為你熱情加油的蒲葵樹吧！

形色優美的楓香道

楓香是臺灣原生植物，廣泛分佈於海拔1,500公尺以下區域，是次生林及溪岸地之優勢樹種。人們常誤將楓香比做楓樹，因兩者除皆為掌狀裂葉之外，落葉前葉色變化的特徵亦雷同。不過，楓樹屬於楓樹科，葉片對生，果實為翅果；楓香則是金縷梅科，葉片互生，果實為球狀聚合果。

楓香樹型呈傘狀延伸，質感細緻優美，是少數在平地仍具四季變化的樹種，提供在城市生活的人們，探知季節的轉換，感受自然萬物的律動。春季的一抹嫩綠、夏季的濃密盎然、秋季的交織蘊染、冬季的繽紛詩意，四季變化之間，生命也因此更加精彩！

※楓香葉 | ※青楓葉

蒼鬱濃密的桃花心木道

原產地為中南美洲的大葉桃花心木，20世紀初才引進臺灣栽種，因質地密緻有光澤，是製作高級家具的珍貴經濟樹種。常綠喬木的特性，枝葉茂密，在漁科所通往社工系的道路上，形成一條濃密的綠色隧道，炎炎夏日裡，帶來一股清涼的氣息。有趣的是，常綠的茂密枝葉卻會在春季褪盡老葉，讓人有季節錯置的錯覺，不過待老葉落盡，爭相萌發的嫩葉，一鼓作氣的向藍天伸展，展現無窮的生命力。而橢圓形的蒴果成熟後，從基部崩裂，讓帶著翅膀的種子像竹蜻蜓般旋轉落下，就像童年的夢想，落在繽紛的泥土地裡，萌芽茁壯。

校園最後一塊淨土｜黑森林

黑森林是臺大接近復興南路口後門的一片樹林，位於國青宿舍、新聞所以及國發所之間，因為栽種了密集的榕樹，在四周聳立的建築之中形成了一片濃綠的景致及林蔭，所以被稱之為「黑森林」。

黑森林是臺大校園植物的儲存區，提供校園行道樹植栽損壞、移動的補給倉庫和中繼站，也造就了林內植相的豐富，除了基本的榕樹外，亦有青楓、楓香、竹柏、樟樹等校園內普遍的樹種，靠近國規側門栽植的黃椰子和大王椰子更是颱風天椰林大道上椰子被吹倒時的熱門候補人選。

在黑森林的角落，隱藏著一棵高大的老樟樹，據說是臺大最高、最老的一棵樟樹，也是晨起運動散步的民眾們最喜歡圍著活動的一棵老樹。此區榕樹枝幹上常有許多形似鬍鬚的氣根著生，除可捕抓空氣中的水分外，入土後，會長粗，成為支撐身體重量的支持根；又榕樹之隱花果是鳥雀喜愛的果實，常見麻雀爭食成熟榕果的壯觀場面。

※青楓

※竹柏

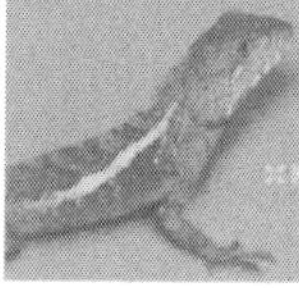

※斯文豪氏攀木蜥蜴

附錄：臺大校園導覽一些基本常識

身為校園一般導覽員，我認為並不須要多少「專業知識」（專業導覽除外），但要有豐富的「基本常識」，對學校一般狀況總要知道。不要來賓問：「這是甚麼？」你答「要問某系教授。」來賓又問：「貴校上任校長是誰？」你答「這要查一查。」……凡此，均非所宜。

按臺大秘書室聯合服務中心張淇惠和林玟妤，她二人所策劃二〇一二臺大校園志工訓練手冊末頁的資料，可做導覽員參考（如附）。另該手冊課程要點、校園野鳥、樹木及導覽解說實務，若能多理解、熟記，一定是一個叫好又叫座的導覽員。

臺灣光復民國時期校長

1.羅宗洛
1945.08-1946.07

2.陸志鴻
1946.08-1948.05

3.莊長恭
1948.06-1948.12

4.傅斯年
1949.01-1950.12

5.沈剛伯（代理校長）
1950.12-1951.03

6.錢思亮
1951.03-1970.05

7.閻振興
1970.06-1981.07

8.虞兆中
1981.08-1984.07

9.孫　震
1984.08-1993.02

10.郭光雄（代理校長）
1993.02-1993.06

11.陳維昭
1993.06-2005.06

12.李嗣涔
2005.06-2013.06

註：李嗣涔校長於 2013 年 6 月到期，現任是楊泮池校長。

現任校長楊泮池（原醫學院院長）

臺北帝國大學時期總長

左上圖：幣　原　坦 1928.03-1937.09
左下圖：安藤正次 1941.04-1945.03
右上圖：三田定則 1937.09-1941.04
右下圖：安藤一雄 1945.03-1945.08

數字臺大

__11__ 學院；__54__ 學系；__103__ 研究所；國家級 4 個研究單位、一級研究單位 30 個

__3801__ 位教師，1983 位專任教師（__137__ 位外籍專任，含兼任共 212）、__5374__ 位職員(一半研究助理)

__33080__ 名學生；研究生：大學生＝ __15744__ 人：__17277__ 人≒ __1__ ：__1__

男生 __19756__ ：女生：__13324__ 人（男：女≒ __1.48__ ：__1__ ）近 1.5

__8468__ 位住宿生，約 __25__ %（男：女≒ __1.34__ ：__1__ ）(資料來源:2011 年報)

每年超過 __20000__ 堂課(英語授課約 __900__ 堂課)

__100__ 多個學程，具跨領域特色

超過 __1000__ 多個社團登記，但實際有在運作的約 __425__ 個

圖書館中外文圖書：超過 __380__ 萬冊，非書資料：接近 __300__ 萬筆

每個學生分攤經費：約 __41__ 萬元，僅次於 44 萬元的 __陽明__ 大學，但總經費臺大多

校總區：__114__ 公頃（小於東華、成大，排名第三）

大台北地區：__6__ 個校區 ≒ 183.8888722　公頃

臺大總面積：__11__ 校區=34,676 公頃= 346.76 平方公里 ≒ __1__ % Taiwan

任期最短：__莊長恭__ 校長 __0.5__ 年 VS. 任期最長：__錢思亮__ 校長 __19__ 年

現任校長為第 __10__ 任；本校校慶日為 __11__ 月 __15__ 日，滿 __83__ 歲了

帝大結束時，學生約 357 位：臺灣人 __85__ 位（錄取率 __0.2__ ）、日本人 272 位，76%

教職員 692 位：臺灣人 142 位，教授僅 __1__ 位（杜聰明）

參考資料：李園會，《日據時期臺灣教育史》，頁 535~536

2011 年上海交通大學世界大學學術排名(ARWU)：__123__ 名

2009 年英國泰晤士報世界大學排名：__95__ 名，2011 年 __154__ 名

2011 英國高等教育調查機構 QS：__87__ 名

__397__ 所締約學校；__1837__ 位外國學生

博物館群共　10　個（參觀請先預約，如取消參觀務必以電話告知！）

校總區：

1. 臺大 __校史__ 館：星期 __二__ 休館。10:00-16:00 時開放。TEL：3366-3818
2. 物理文物廳：星期 __一__ 休館。9:00-16:30 時開放。TEL：3366-4430
3. 動物博物館：10:30-16:30 時開放。TEL：3366-2450
4. 農業陳列館：9:00-17:00 時開放。周日休館，星期三、四、六下午 1 點半有博物館群導覽。TEL：3366-3972
5. 植物標本館：週末休館。室內不開放一般參觀，室外需預約。TEL：3366-2463 *102
6. 地質標本館：星期 __一__ 休館。9:00-12:00,13:00-17:00 時開放。TEL：3366-2950
7. 人類學博物館：星期 __二__ 休館。10:00-16:00 時開放。TEL：3366-4996

校總區外：

1. 檔案展示室：星期 __日__ 休館。10:00-16:00 時開放水源校區。TEL：3366-9705
2. 醫學人文博物館：星期 __一__ 休館。9:30-16:30 時開放水源校區。TEL：2312-3456 分機 88929
3. 昆蟲標本室：芳蘭山腳，昆蟲系：星期 __一__ 休館。9:00-12:00,13:00-17:00 時開放。TEL：3366-5538

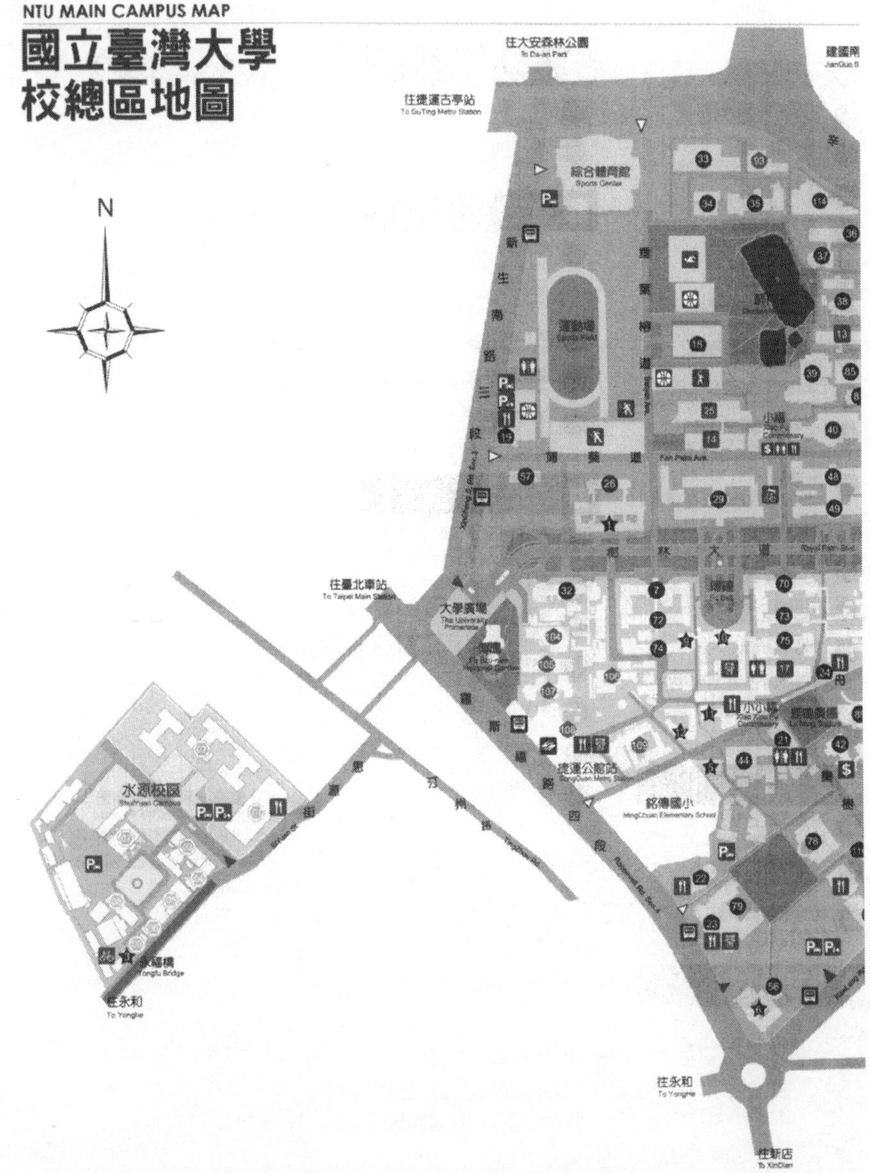
NTU MAIN CAMPUS MAP
國立臺灣大學
校總區地圖
N
往大安森林公園
To Da-an Park
建國南
往捷運古亭站
To GuTing Metro Station
綜合體育館
Sports Center
運動場
新生南路三段
椰林大道
往臺北車站
To Taipei Main Station
大學廣場
水源校園
永福橋
Yongfu Bridge
往永和
To Yonghe
思源街
羅斯福路四段
捷運公館站
銘傳國小
MingChuan Elementary School
小福
小小福
往永和
To Yonghe
往新店
To XinDian
捷運站 MRT
公車站 Bus Stop
汽車停車場 Vehicle Parking
機車停車場 Motorcycle Parking
急救站 First-Aid Station
廁所 Toilet
餐廳 Restaurant
金融機構 Bank
自動提款機 ATM

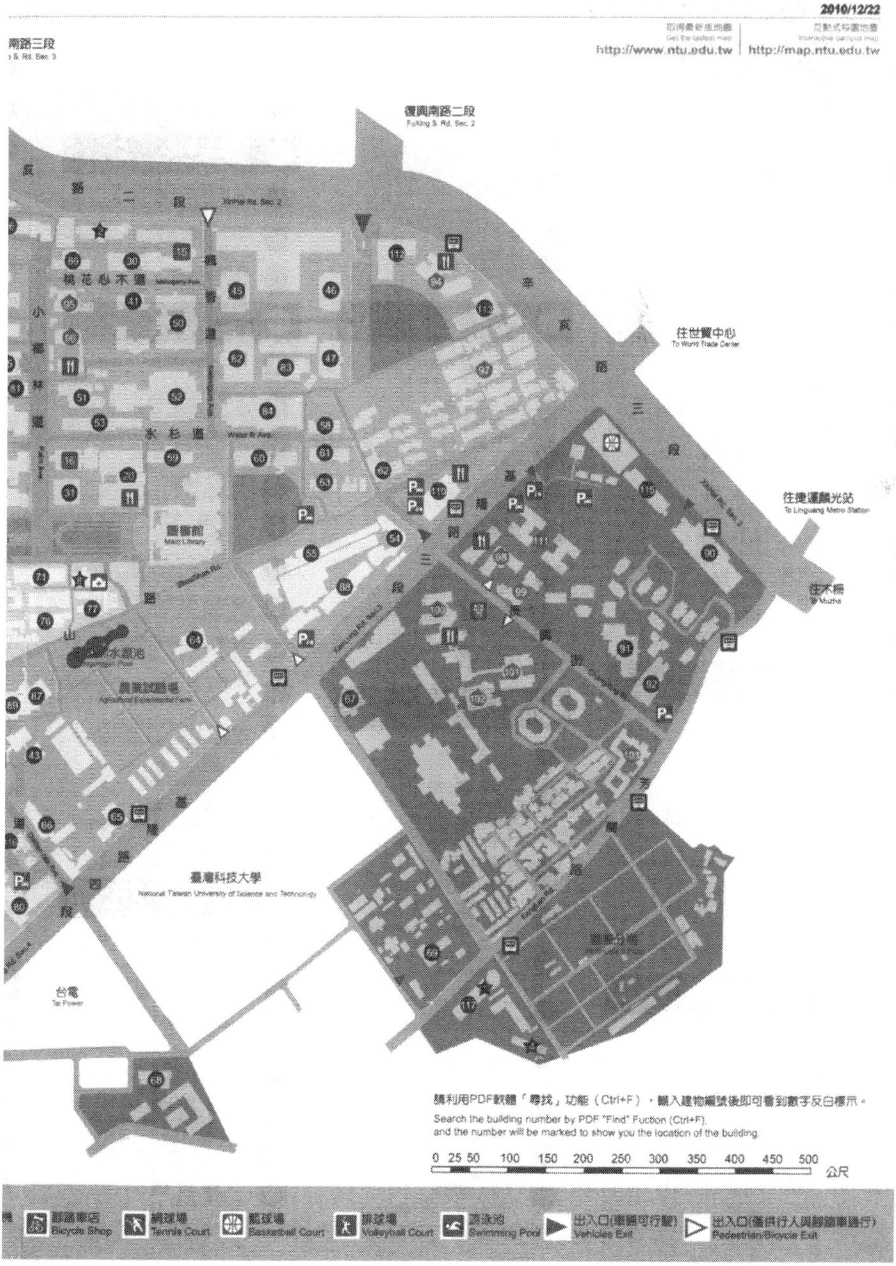
2010/12/22
取得最新版地圖
Get the lastest map
http://www.ntu.edu.tw
互動式校園地圖
Interactive campus map
http://map.ntu.edu.tw
復興南路二段
FuXing S. Rd. Sec. 2
往世貿中心
To World Trade Center
往捷運麟光站
To Linguang Metro Station
往木柵
To Muzha
總圖書館
Main Library
農業試驗場
Agricultural Experimental Farm
臺灣科技大學
National Taiwan University of Science and Technology
台電
Tai Power
請利用PDF軟體「尋找」功能（Ctrl+F），輸入建物編號後即可看到數字反白標示。
Search the building number by PDF "Find" Fuction (Ctrl+F).
and the number will be marked to show you the location of the building.
0 25 50 100 150 200 250 300 350 400 450 500
公尺
腳踏車店 Bicycle Shop
網球場 Tennis Court
籃球場 Basketball Court
排球場 Volleyball Court
游泳池 Swimming Pool
出入口(車輛可行駛) Vehicles Exit
出入口(僅供行人與腳踏車通行) Pedestrian/Bicycle Exit

NTU MAIN CAMPUS MAP 單位文字說明

行政單位 Administrative Units

- 1 校史館 Gallery of University History
  - 舊總圖書館 Old Main Library
- 2 計算機及資訊網路中心 Computer and Information Networking Center
- 3 出版中心（水源校區） University Press (Shui-Yuan Campus)
- 4 資源回收中心 Recycling Center
- 5 駐衛警察隊 Campus Security
  - 展書樓 Jan Shu Hall
- 6 推廣教育大樓 Continuing Education Building
- 8 衛生保健及醫療中心 Health Center
- 9 第二行政大樓 2nd Administration Building
- 10 行政大樓 Administration Building
- 11 進修教育大樓 Extention Education Building
- 12 望樂樓 Hall of Joy and Hope
- 107 環安衛中心 Environmental Protection and Occupational Safety and Health Center

教學大樓 Instructional Buildings

- 13 新生教學館 Freshman Classroom Building
- 14 普通教學館 Core Subjects Classroom Building
- 15 語言中心 The Language Training and Testing Center
- 16 綜合教學館 Multi-Purpose Classroom Building
- 17 共同教學館 Common Subjects Classroom Building
- 25 博雅教學館 Liberal Education Classroom Building

生活、育樂 Life and Recreation

- 18 體育館 Gymnasium
- 19 新月台 New Moon Pavilion
  - 臺大訪客中心 NTU Visitor Center
- 20 第一學生活動中心 1st Student Activity Center
- 21 鹿鳴堂、臺大劇場 Lu Ming Hall NTU Theater
  - 鹿鳴雅舍 Lu Ming Guest House
- 22 尊賢館 Tsun Hsien Hall
- 23 第二學生活動中心 2nd Student Activity Center
- 24 農產品展售中心 Agricultural Product Sales Center
- 116 藝文中心雅頌坊 NTU Center for Arts - The Odeum

文學院 College of Liberal Arts

- 15 文學院語文中心 NTU Language Center
- 26 樂學館 Lesyue Building
- 29 文學院 College of Liberal Arts
- 30 外語教學暨資源中心 Foreign Language Teaching & Resource Center
- 31 圖書資訊學系 Dept. of Library and Information Sciences
- 32 一號館 Building No. 1
- 94 國青大樓 Guo - Ching Building
- 03 行政大樓（水源校區） Administration Building (Shui-Yuan Campus)

理學院 College of Science

- 7 二號館 Building No. 2
- 33 物理學系 Dept. of Physics
  - 凝態科學研究中心 Center for Condensed Matter Sciences
- 34 全球變遷中心 Global Change Research Center
- 35 海洋研究所 Graduate Institute of Oceanography
- 36 思亮館 Shih - Liang Hall
- 38 數學研究中心 Mathematics Research Center Building
- 39 化學系 Dept. of Chemistry
- 41 心理學系 Dept. of Psychology
- 42 地理系館 Dept. of Geography
- 43 大氣科學系 Dept. of Atmospheric Sciences
- 44 地質科學館 Dept. of Geosciences
- 114 天文數學館 Astronomy - Mathematics Building

社會科學院 College of Social Sciences

- 45 社會與社工館 Dept. of Sociology / Dept. of Social Work
- 46 國家發展研究所 Graduate Institute of National Development
- 47 新聞研究所 Graduate Institute of Journalism

工學院 College of Engineering

- 7 二號館 Building No. 2
- 37 舊數學館 Old Mathematics Building
- 48 化學工程學系 Dept. of Chemical Engineering
- 49 土木工程學系 Dept. of Civil Engineering
- 50 應用力學館 Graduate Institute of Applied Mechanics
- 51 志鴻館 Chih - Hung Hall
- 52 工學院綜合大樓 College of Engineering Building
- 53 機械工程學系 Dept. of Mechanical Engineering
- 54 環境工程學研究所 Graduate Institute of Environmental Engineering
- 55 工程科學及海洋工程學系 Dept. of Engineering Science and Ocean Engineering
- 56 建築與城鄉研究所 Graduate Institute of Building and Planning
- 94 國青大樓 Guo - Ching Building
- 115 土木研究大樓 Civil Engineering Research Building
- 117 環境研究大樓 Environment Research Building

生物資源暨農學院 College of Bioresources & Agriculture

- 32 一號館 Building No. 1
- 57 農業陳列館 Agricultural Exhibition Hall
- 58 生機系二館 BIME, No. 2
- 59 農藝館 Dept. of Agronomy
- 60 獸醫學系 Dept. of Veterinary Medicine
- 61 知武館 Tomotake Hall

國立臺灣大學 National Taiwan University 電話(TEL):+882-2-3366-3366 傳真(FAX):+886-2-2362-7651 地址(

2012/11/01

62 中非大樓 Zhung Fei Building
63 生物產業機電學系 Dept. of Bio - industrial Mechatronics Engineering
64 人工控制氣候室 Phytotron
65 造園館 Landscape and Gardening Building
66 食品科技館 Food Science and Technology Building
67 臺大動物醫院 NTU Veterinary Hospital
68 昆蟲學系 Dept. of Entomology
69 動物科學技術學系 Dept. of Animal Science & Technology
70 四號館（園藝學系） Bldg. No. 4 (Dept. of Horticultural Science)
71 森林環境暨資源學系 School of Forestry and Resource Conservation
72 三號館（農業化學系） Bldg. No. 3 (Dept. of Agricultural Chemistry)
73 五號館（生物環境系統工程學系） Bldg. No. 5 (Dept. of Bioenvironmental Systems Engineering)
74 農化新館 New Agricultural Chemistry Building
75 農業綜合大樓 College of Agriculture Building
76 水工試驗所 Hydrotech Research Institute
氣候天氣災害研究中心 Center for Weather Climate and Disaster Research
77 航空測量館 Remote Sensing Building

管理學院 College of Management

78 管理學院一號館 Bldg. 1, College of Management
79 管理學院二號館 Bldg. 2, College of Management
80 管理學院教研館 Teaching and Research Building, College of Management

電機資訊學院 College of Electrical Engineering and Computer Science

81 電機一館 E. E. Building
82 資訊工程館（德田館） C.S.I.E. Building (Der Tian Hall)
83 博理館 Barry Lam Hall
84 電機二館 E. E. Building No. 2
110 明達館 Ming - Da Hall

法律學院 College of Law

112 霖澤館 Tsai Lecture Hall
113 萬才館 Wan Tsai Research Hall

生命科學院 College of Life Science

74 生化科技學系 Dept. of Biochemical Science & Technology
微生物與生化學研究所 Institute of Microbiology & Biochemistry
85 生化科學研究所 Graduate Institute of Biochemical Sciences
86 漁業科學研究所 Graduate Institute of Fisheries Sciences
87 生命科學館 Life Science Building

其他單位 Other Units

40 原子與分子科學研究所 Institute of Atomic and Molecular Sciences, Academia Sinica
88 嚴慶齡工業研究中心 Yen Tjing Ling Industrial Research Institute
89 大學入學考試中心 College Entrance Examination Center
90 國家地震工程研究中心 National Center for Research on Earthquake Engineering
91 中華經濟研究院 Chung Hua Institute for Economic Research
92 生物技術研究中心 Center for Biotechnology
114 天文數學館 Astronomy - Mathematics Building

宿舍大樓 Dormitories

94 國青大樓 Guo - Ching Building
95 女八舍 8th Women's Dorm
96 女九舍 9th Women's Dorm
97 教職員宿舍 Faulty and Staff Dorm
98 男八舍 8th Men's Dorm
99 男六舍 6th Men's Dorm
100 男一舍 1st Men's Dorm
101 男三舍 3rd Men's Dorm
102 男五舍 5th Men's Dorm
103 男七舍 7th Men's Dorm
104 女一舍 1st Women's Dorm
105 女三舍 3rd Women's Dorm
106 女五舍 5th Women's Dorm
107 女二舍 2nd Women's Dorm
108 大一女舍 Freshman Women's Dorm
109 研一舍 1st Graduate Dorm
111 太子學舍－臺大長興舍區 Prince House - NTU Chang Hsing Dorms

水源校區 ShuiYuan Campus

01 太子學舍－臺大修齊會館 Prince House - NTU HsiuChi House
02 太子學舍－臺大水源舍區 Prince House - NTU ShuiYuan Dorms
03 行政大樓 Administration Building
04 育成中心A棟 Incubation Center Building A
05 育成中心B棟 Incubation Center Building B
06 育成中心C棟 Incubation Center Building C
07 飲水樓 Archives
08 思源樓 SiYuan Hall
09 澄思樓 Halcyon House
自行車拖吊移置場 Bicycle Pound

如何迅速使用本地圖查詢

Guideline on using NTU map

每一個代號皆有一個色環，您可依照色環的顏色迅速找到欲搜尋目標色區，讓您更輕鬆找到想到的地方。

Location numbers are colour-coded to the map so it is easy for you to find the location.

(DD):10617臺北市大安區羅斯福路四段一號 NO.1, Sec.4, Roosevelt Rd., Taipei, 10617 Taiwan http://www.ntu.edu.tw

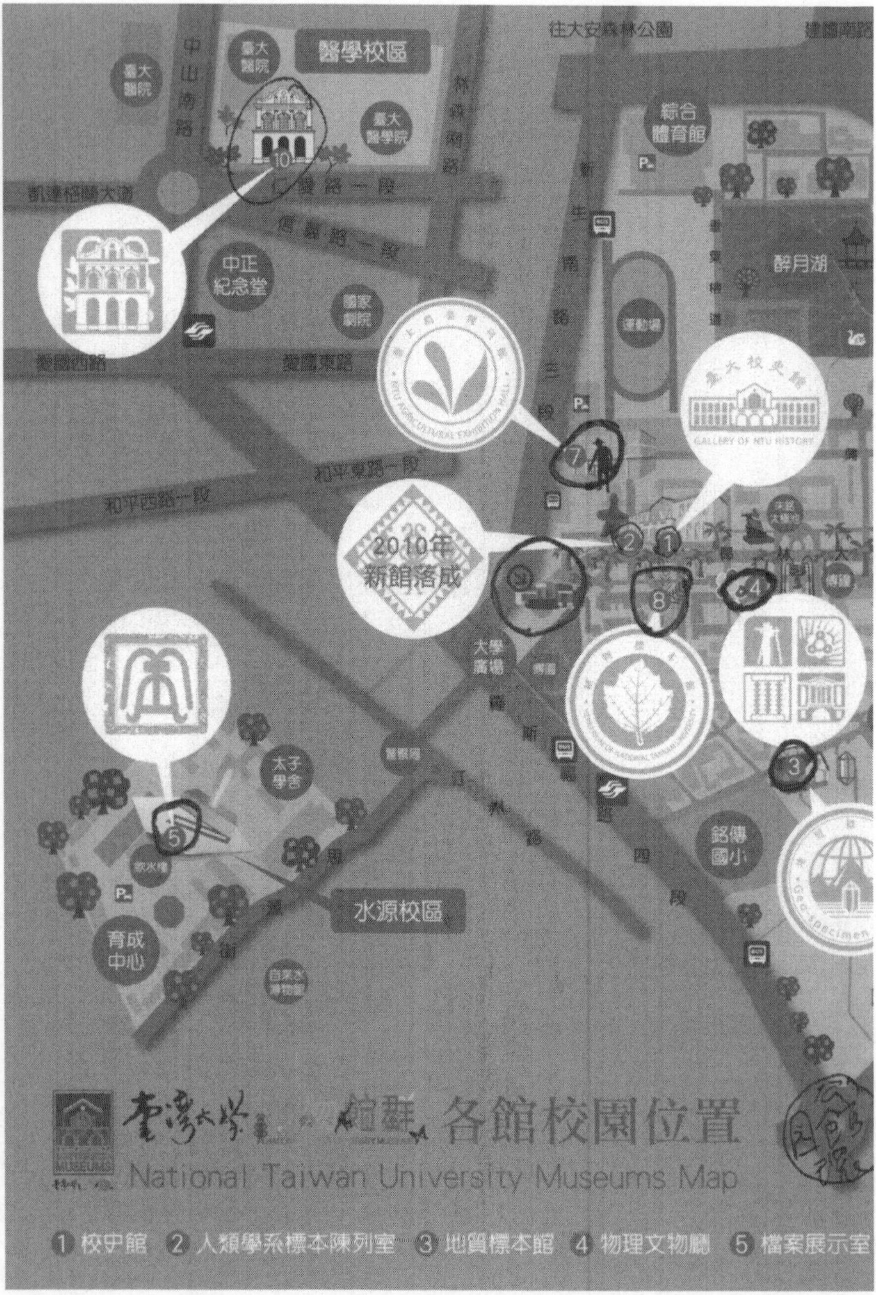
往大安森林公園
建國南路
醫學校區
臺大醫院
中山南路
林森南路
臺大醫學院
綜合體育館
凱達格蘭大道
仁愛路一段
信義路一段
中正紀念堂
國家劇院
醉月湖
運動場
愛國西路
愛國東路
新生南路三段
GALLERY OF NTU HISTORY
和平東路一段
和平西路二段
2010年新館落成
大學廣場
羅斯福路
太子學舍
汀州路
銘傳國小
水源校區
育成中心
臺灣大學博物館群 各館校園位置
National Taiwan University Museums Map
1 校史館 2 人類學系標本陳列室 3 地質標本館 4 物理文物廳 5 檔案展示室

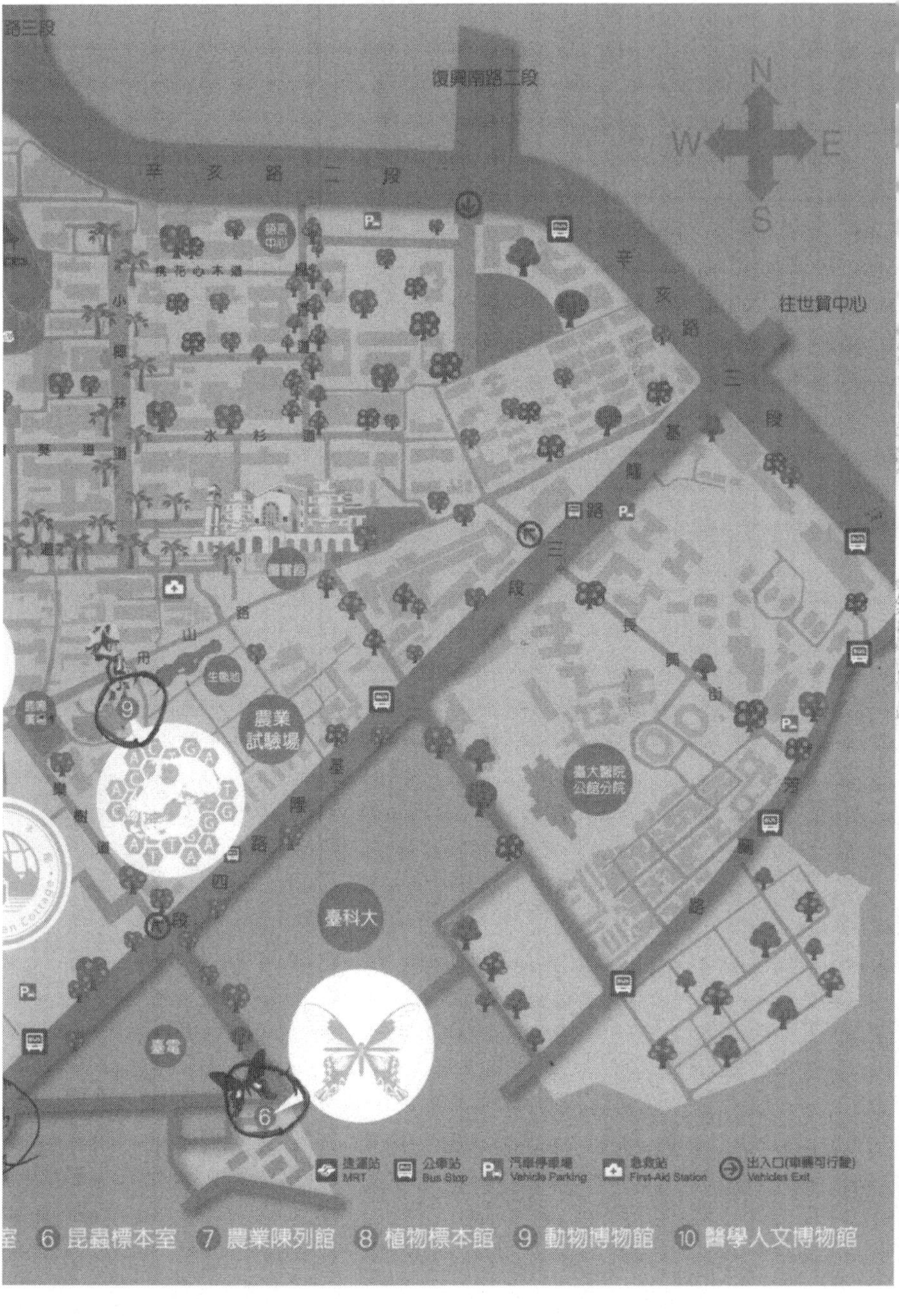
復興南路二段
N
W
E
S
辛亥路二段
辛亥路三段
往世貿中心
水杉道
基隆路三段
長興街
農業試驗場
臺大醫院公館分院
臺科大
臺電
9
6
捷運站 MRT
公車站 Bus Stop
汽車停車場 Vehicle Parking
急救站 First-Aid Station
出入口(車輛可行駛) Vehicles Exit
6 昆蟲標本室
7 農業陳列館
8 植物標本館
9 動物博物館
10 醫學人文博物館

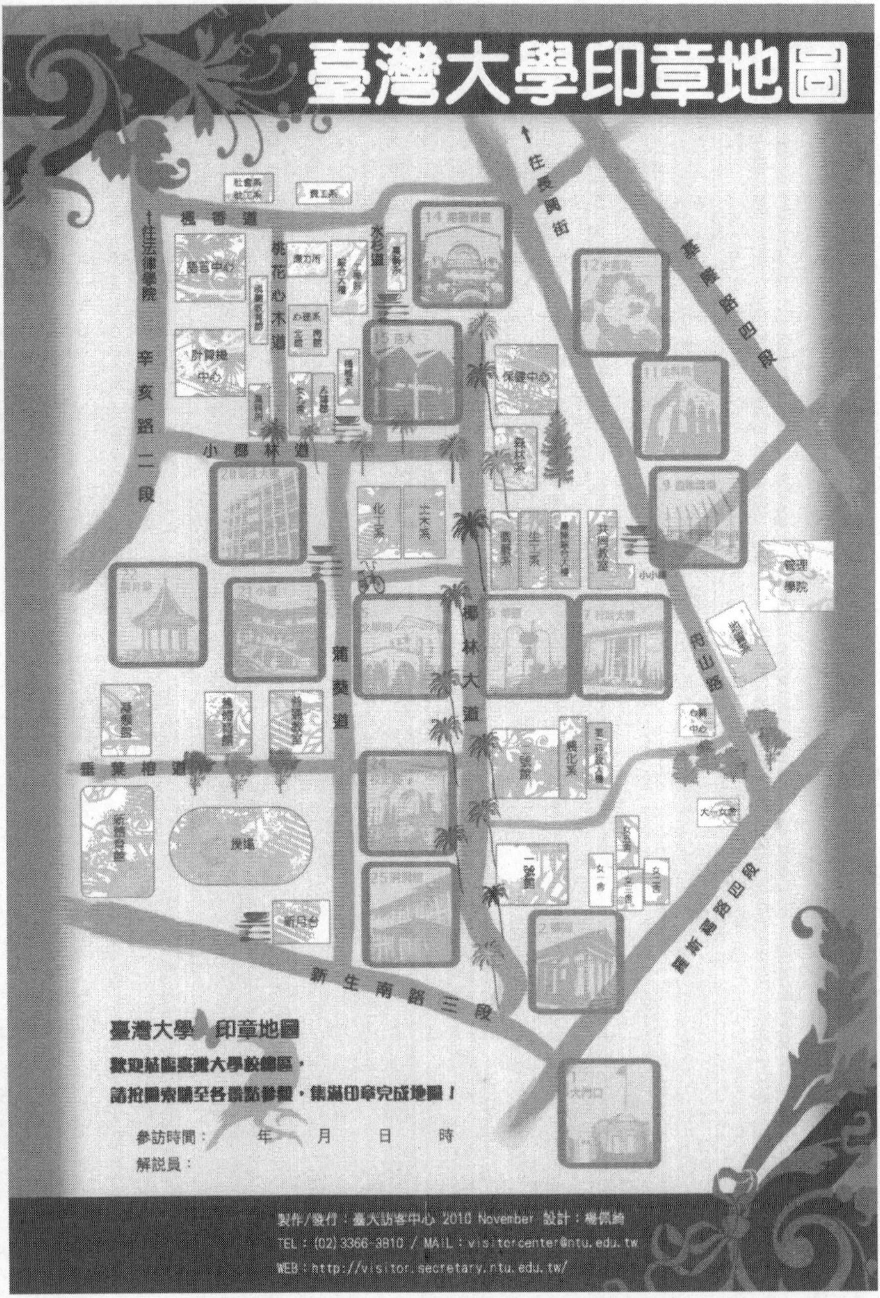
臺灣大學印章地圖
往長興街
辛亥路二段
椰林大道
舟山路
新生南路三段
羅斯福路四段
基隆路四段
小椰林道
臺灣大學 印章地圖
歡迎蒞臨臺灣大學校總區，
請按圖索驥至各景點參觀，集滿印章完成地圖！
參訪時間： 年 月 日 時
解說員：
TEL：(02) 3366-3810 / MAIL：visitorcenter@ntu.edu.tw
WEB：http://visitor.secretary.ntu.edu.tw/

國立臺灣大學臺北校區地圖

Map of NTU Campus in Taipei City

2013 Y 07 M 18 D

臺大地圖 NTU MAP

更多資訊：臺灣大學　National Taiwan University
http://www.ntu.edu.tw 總機 TEL：+886-2-3366-3366
臺灣大學訪客中心　NTU Visitor Center
http://visitorcenter.cloud.ntu.edu.tw 電話 TEL：+886-2-3366-3810

歡迎使用互動式電子地圖查詢
Interactive map of the NTU Campus
http://map.ntu.edu.tw

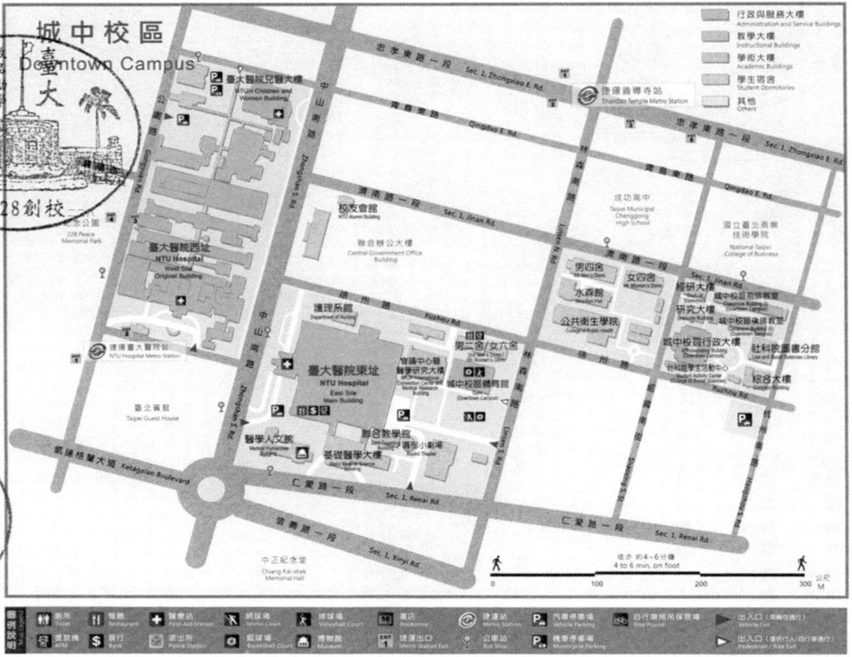

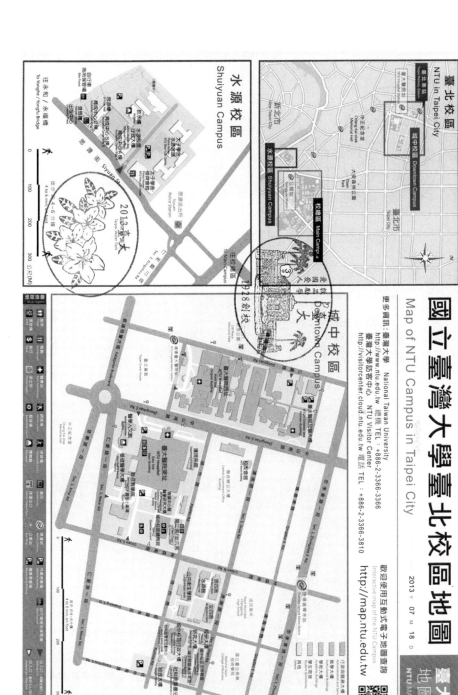

第 二 篇

圖文說台北公館地區考古・導覽

作者攝於公館寶藏巖國際藝術村

第18站：溫州社區：紫藤廬、殷海光故居

溫州社區是公館商圈中的寧靜社區，也是臺大早期教職員宿舍所在，如現在列入古蹟的殷海光故居，及臺大教職員宿舍（照片所示的溫州街58巷14號A棟），古舊木頭顏色述說它的歷史夠老了！所以溫州社區像是臺大和社區的實質介面，臺大和社區所共有。

溫州街還有其古蹟如紫藤廬、瑠公圳最後的遺跡，也受到地方文史工作者的重視，公館地區導覽乃至臺北市政府的文化觀光活動。本文簡介紫藤廬，即依據《臺北畫刊》第五〇二期，「走進紫藤廬半開的門。品一壺人文沉殿的好茶」（文／黃星若　攝影／許斌）的文章報導。

紫藤廬的位置和背景

紫藤廬在新生南路三段十六巷一號，捷運臺電大樓站二號出口步行約七百公尺可到

達。任教於臺大、最後的自由主義者殷海光與夏道年、徐道鄰等人常在這裡茶聚，提昇了紫藤廬的人文和故事性，其身世背景：

◎廿世紀初興建，為倭據時期臺灣總督高等官舍。

◎一九五〇年由財政部撥付時任關務署署長的周德偉，作為公家宿舍之用。

◎一九八一年，周德偉之子周渝在此開設茶館，因庭院三棵老紫藤廬而名「紫藤廬」。

◎一九九七年臺北市政府定為首座市定古蹟，兩千年由市府接管，二〇〇三年再交由紫藤文化協會經營管理，開啟紫藤廬的新時代意義。

紫藤廬早年曾是左派政治運動者聚會所，成為日後陳文茜筆下「反對運動記憶裡最美麗的堡壘」。政治冷淡後，又成為文人雅士藝術工作者創造靈感的地方，畫家陳來興、雷驤等在此辦畫展；李泰祥舉行音樂會，李安名作《飲食男女》，選在此取景。

紫藤廬有何獨特的歷史精神能感動人？有何文化魅力能吸納四方？它的倭式建築古意盎然，中式庭園禪風幽靜，把喧囂的公館杜絕在外，自成一個優游自得的世界，導覽公館或臺大別忘了這裡！

學生聚精會神地聽殷海光教授上課。（照片提供：殷海光基金會）

孤鳳山

愚公河

紫藤廬：自由主義的據點

離殷海光故居不遠處，在新生南路邊，有一個名為紫藤廬的茶館，是當時殷海光與夏道平、徐道鄰等自由主義人士聚集的茶館，同時也是黨外運動人士會面聊天之處，為臺灣民主運動發展的重要地點之一，基於此社會文化的重要內涵，該茶館成為全臺灣第一個市定古蹟。

紫藤廬一景。（照片提供：紫藤文化協會）

殷海光故居

溫州社區最重要的導覽點，在建築物來說是紫藤廬，在人來說是「殷海光」故居，那房子若非臺大教授殷海光（最後的自由主義思想家）住過，早已拆了。這座思想家的宿舍，就在溫州街十八巷內。

殷海光本名殷福生，以殷海光為筆名，一九四九年在臺大哲學系任教。在學術上他是哲學家，政治理念上他是自由主義的信徒，一生堅持自由主義理念。他也是雷震所辦《自由中國》雜誌的靈魂主筆，後因雷震被捕、雜誌停刊，殷海光在宿舍內被軟禁十一年，直到辭世。

殷海光之不被當時的統治者歡迎，因為他的評論如劍：「給我金權、軍權與警權，即使我是世界上最壞的壞蛋，我也有本領造作出看起來好像世界上的人都全體一致擁護我的偉大場面。」他同時撰文分析「反攻大陸」無望論，但統治者要給人民一個「大餅」，國家要有目標，只好犧牲殷海光。

一個人能否受後代人敬仰，基本上不在成功立業或當了多大的官位，而在他的「氣節、信念」。我並不認識殷海光，也沒有任何淵源，但我在方法論上的啟蒙，就是看了

殷海光故居今（上）昔比對。（下圖照片提供：殷海光基金會）

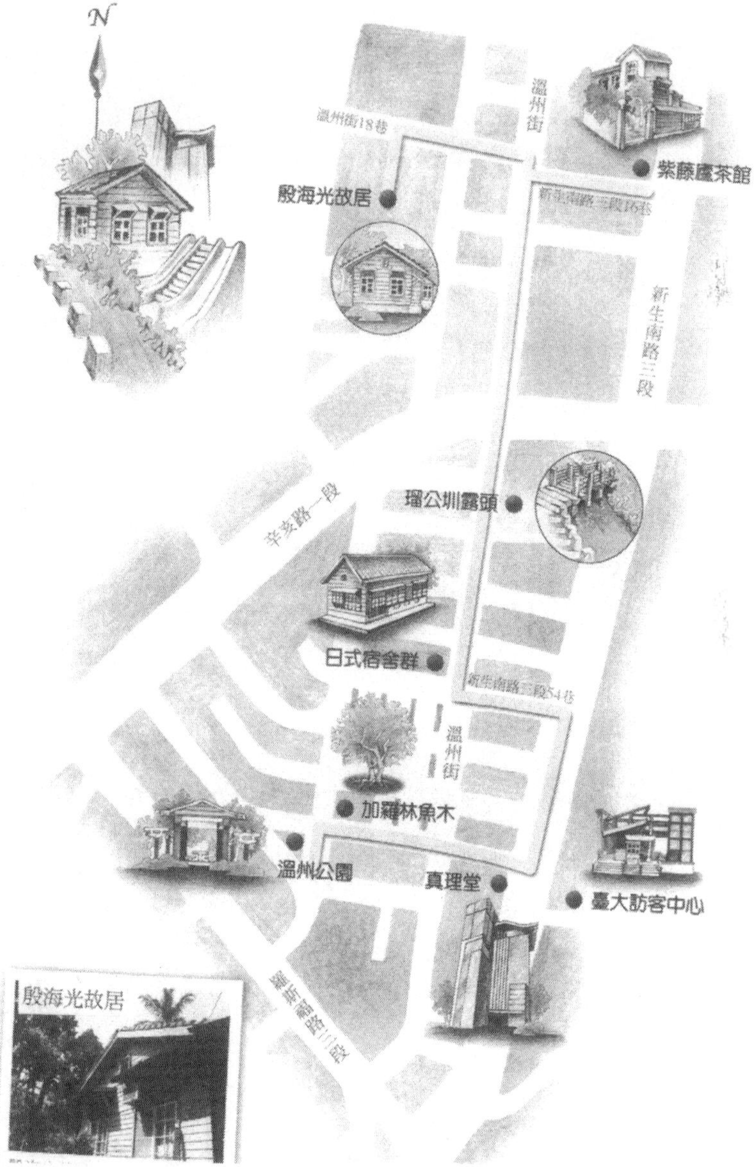
N
溫州街18巷
溫州街
紫藤廬茶館
殷海光故居
新生南路三段16巷
新生南路三段
辛亥路一段
瑠公圳露頭
日式宿舍群
新生南路三段54巷
溫州街
加羅林魚木
溫州公園
真理堂
臺大訪客中心
羅斯福路三段
殷海光故居

<<大學社區導覽地圖>>
羅斯福路三段
2010/05/20

溫州公園。

加羅林魚木。

紫藤廬

簡單雅緻的榻榻米上，思緒隨著茶香氤氳（紫藤廬內）

他的書，對我這輩子的思想影響也不小。所以，我會撰文紀念他。（另見我著《頓悟學習》，文史哲出版）

如今，大師的宿舍、院落裡的孤鳳山和愚公河，以及一座石造游泳池，已被臺北市指定成古蹟。目前殷海光基金會和臺大合作，重整故居，成為溫州社區中的一個文化據點。

溫州街四十九巷四號旁，是瑠公圳「最後一段身影」（如照片）。這裡是清代瑠公圳第二幹線的「九汴頭」，由此向四方疏流，新生南路的瑠公圳加蓋後，這個露頭是社區內唯一的歷史遺跡。幸好，社區有心美化、維護，作為地方文史教育的一個小點。

瑠公圳「最後的身影」，
溫州街 49 巷 4 號旁。

第19站：找尋「古公館」開發小史

按下面那張「倭據初期公館古地圖」，在台北帝國大學尚未建校前，校地大多是農田，而「公館」的位置在今公館圓環東西之線的南側，約兩公里範圍內。

對照文獻史料的記錄，可劃成「古公館」現在範圍圖（如圖示）。古公館的範圍是新店溪以東、蟾蜍山以西、基隆路以南及萬隆地區以北，面積約一平方公里，而其核心就是公館街和溪州街一帶。

康熙末年（十八世紀初），福建泉州

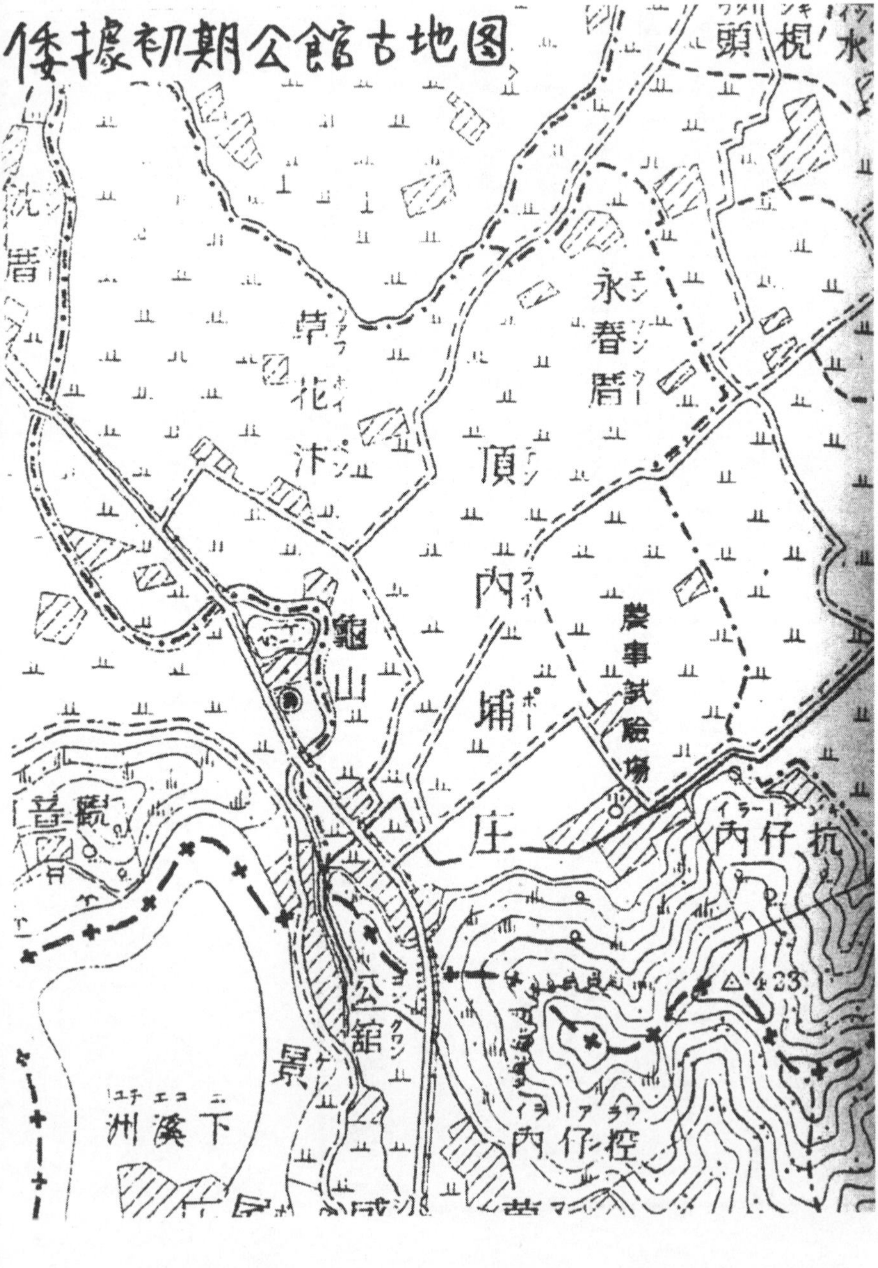
倭據初期公館古地圖
梘頭
永春厝
頂內埔庄
農事試驗場
龜山
公館
下溪洲
抗仔內
控仔內
423

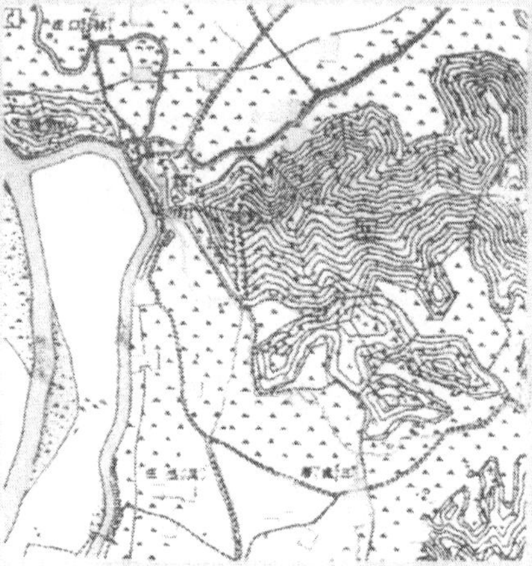

萬盛庄1895年繪圖

萬盛庄1926年繪圖

府安溪縣有高、林、張三姓移民，相約東渡海岸險惡的黑水溝，到台灣開拓新天地。他們攜請清水祖師和保儀尊王二神同行，以保護這群勇敢的先行者，事後證明這三姓人馬都安然到達，也開創了新天地，由他們所敬奉及分出之眾神，至今都香火榮盛。

三姓先行者從淡水上岸落戶開拓，爾後逐漸深入台北盆地並沿淡水河入墾，經溪洲仔渡船頭，最後選在新店溪和景美溪交會處的溪仔口落腳。

「溪仔口」地當兩溪交會處，一八九五年的地形圖上兩溪指大溪及其支流，一九〇四年則指景尾溪及其支流。到一九二一年又是景美溪和新店溪，可見這一帶河道變遷很快。不久前還是水深可行船的渡船頭，如今成了師大分部，河道已遠離。

道光十一年（一八三一年），三姓合建慶巖清水祖師廟，後來三姓分流。決定分流發展時，他們抽籤決定保儀尊王香火歸屬，高姓抽到尊王像（許遠），遷建集應廟於景美下街現址；張姓抽到香爐，到木柵另建集應廟；林姓抽到張巡愛妾林氏夫人像，建集應廟於萬隆。

林姓後與周、陳二家合力開拓萬隆變電所一帶土地，新聚落稱「三塊厝」（今萬有里）；萬隆最早叫「番婆厝」，因漢人入墾前住有一「番婆」（今萬祥里）。至民國三十八年，景美設鎮，三塊厝和番婆厝由萬盛村編入萬隆里，這是「萬隆」地名首次出現。

萬盛庄很早出現，乾隆時在公館駐軍建萬盛庄和福興庄。乾隆二十五年（一七六〇年），余文儀在《續修台灣府志》，記載萬盛庄，隸屬淡水廳淡水堡。至倭據時期屬台北州文山郡，光復後併入台北縣深坑鄉，萬盛庄下有景美、景南、景行和萬盛四村。民國三十八年改隸景美鎮萬盛里，現在是文山區萬盛里。

萬盛，萬隆以溝為界，這條溝一直流經公館街到溪洲仔。先前同來的先行者，其中一支許氏家族沿新店溪覓地開墾，到今師大分部上岸建屋定居，開拓蟾蜍山以西土地。乾隆二十五年（一七六〇年）瑠公圳竣工，圳道（詳見瑠公圳專站講解）自大坪林、景美過來，到萬隆、萬盛走蟾蜍山下今之羅斯福路四段一一九巷，通往古亭、大安等庄頭。圳道旁形成聚落、市集，形成公館街，此一街名出現在倭據初期的《台灣堡圖》，但公館圓環以南的人稱這裡叫「下公館」（一一九巷．公館圓環旁）。而今日許氏聚落所在的公館街（羅斯福路五段一七〇巷旁），相對叫「頂公館」（如照片）。故文獻史料上所看到的「公館街」有兩處，一在公館圓環旁已不存在（指沒有街名、成了羅斯福路一一九巷）。

這條公館街之所以沒落，因一九〇七年時羅斯福路從一條田間小徑，拓寬成車道，人氣被吸走了，公館街（下公館）日趨冷清，這是一條路的因緣吧！

1950 年代臺灣大學校園發展概況圖

1950 年的台大地圖，公館仍在基隆路以南

舊時公館與景美一帶行旅往來的越嶺路

另一條公館街從清代、倭據至今，始終頂立，有名有姓的在原地展演它的移民故事。這是目前台北市地圖可見的「公館街」，在羅斯福路五段一七〇巷旁，老一輩習稱「頂公館」，這裡才是台北公館開發史上最初的公館。筆者到此田野調查，街只有約二百公尺長，住戶門牌只編到五十號，一號臨羅斯福路五段，五十號接到萬福國小旁，這裡的長老叫師大分部一帶「下公館」。

公館街、溪洲仔、溪仔口一帶，是文山地區最早開發地區，往昔曾有「文山第一街」美譽。嘉慶十七年（一八一二年）設拳山堡時，曾將公館街獨立為一庄，範圍包含今日所有「萬」字頭的里，可見古公館（頂公館、公館街），也曾繁華一時，現在也還不差！

清朝年間，下公館有小路可通街仔尾（今羅斯福路四段二〇六巷），抵達景美渡船頭（今師大分部），日據初期新店溪淤積，航運大不如前，但是仍可行駛紅頭船。新店溪中有二大沙洲，其中的下溪洲有路與景美相連，有一小溪分隔成半島狀，後來小溪乾涸，遂與景美連成一氣成為新生地，當地人取名「溪洲仔」。

下公館在日據後被併入頂內埔庄，並設立養蠶所，隨後改為富田町。日人在溪洲仔種植桑樹林，光復後由台灣省政府農林試驗所蠶業改良場接收，隨著蠶業改良場遷離台北，桑樹林荒廢，林務局開闢部分土地為宿舍，民國六十四年九月師範大學在此設立分部。

沿師大分部前羅斯福路五段一五〇巷走到溪洲街口，昔日此處有兩、三間店舖，因位在頂公館與下公館之間，故名半路店。四、五十年代萬盛村是最靠近臺北市的鄉下，被當作設置工廠的理想地點，電風扇、雨傘、醬油、紡織、染布、輪胎等工廠沿萬新鐵路旁散佈。

新店溪沿岸沙洲地編植芭樂樹，民國四十八年陸續遷入聯勤總部、國防部、陸軍總部眷村，因屬省政府用地，今日仍為成片低矮房舍。昔日眷村四周全為稻田，地處偏僻，必須由景福街營建署重機械工程處的道路出入，尚且無自來水可用。沙洲地勢低，颱風季節極易淹水，自五十三年興建堤防，方才解決淹水之苦。

興隆路原本預定通到師大分部，因計畫道路通過軍政高官住處被迫取消，爾後才另闢羅斯福路五段一七〇巷以利溪洲住戶出入。民國六十九年起溪洲荒地逐一化為公園，先有萬和一、二、三號公園（原萬康公園），七十五年增闢萬年一、二、三號公園，繼設圖書館、游泳池、蛻變為景緻宜人的住宅區。溪洲仔的退伍軍人及長者多，公園內鎮日有老人閒坐聊天、運動，或聚於自治會內閱讀書報或下棋等。

研究「古公館」，你要如何向來賓解說，你是否被下公館、頂公館、公館街（有兩條、一存一沒），弄昏了頭？以下三個地名和公館街地名由來，也要有所理解，才是稱職的「古公館導覽員」。

半路店 現今溪洲街（羅斯福路五段九十二巷）與羅斯福路交叉口附近，昔日有兩、三間店面，因位在公館街與頂公館之間，所以又稱「半路店」。

大溪 本溪名稱最早稱為霧裡薛溪，一八九五年時稱為大溪，日後改稱景尾溪，而後再稱景美溪。

下溪洲 一八九五年的地形圖上，尚未有原住民。到了一九〇四年開始有屋舍。此時地名為下溪洲，到一九二一年的地圖上則改稱溪洲。日據時期此地稱為「kawabata」倭文漢字是「川端」就是「河邊」的意思，其意義與「溪洲」一樣。倭據時期溪洲上植有桑樹，倭人建一桑蠶研究中心。光復後，此處始有居民，二十年前為了洩洪工程遷移部分住戶到新店市民生路，下溪洲與景美之間隔了景尾溪，後來景尾溪逐漸乾涸才與景美相連，昔日景尾溪舊河道即今日之公園。

公館街

蟾蜍山下一帶在地形上分隔景美與台灣大學的重要隘口，公館街地名的由來，說法有二：

1. 清時先民曾在此設隘勇線，後來安溪移民在此建公館和泰雅族民交換物品。
2. 墾首曾在此建公館以徵收佃戶租穀。

福德宮沿革

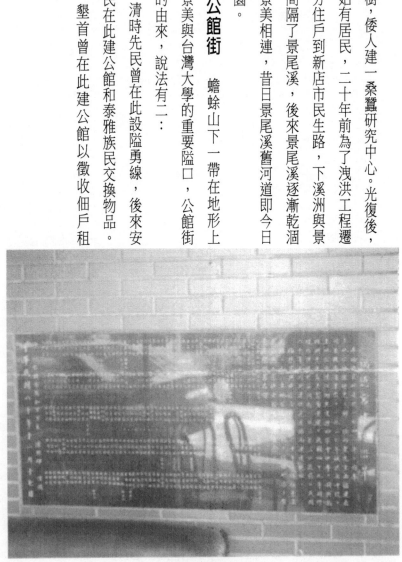

溪洲福德宮

陳仲惠公業管理委員會全體委員照片（民國五十三年冬季）
陳家歷代族長

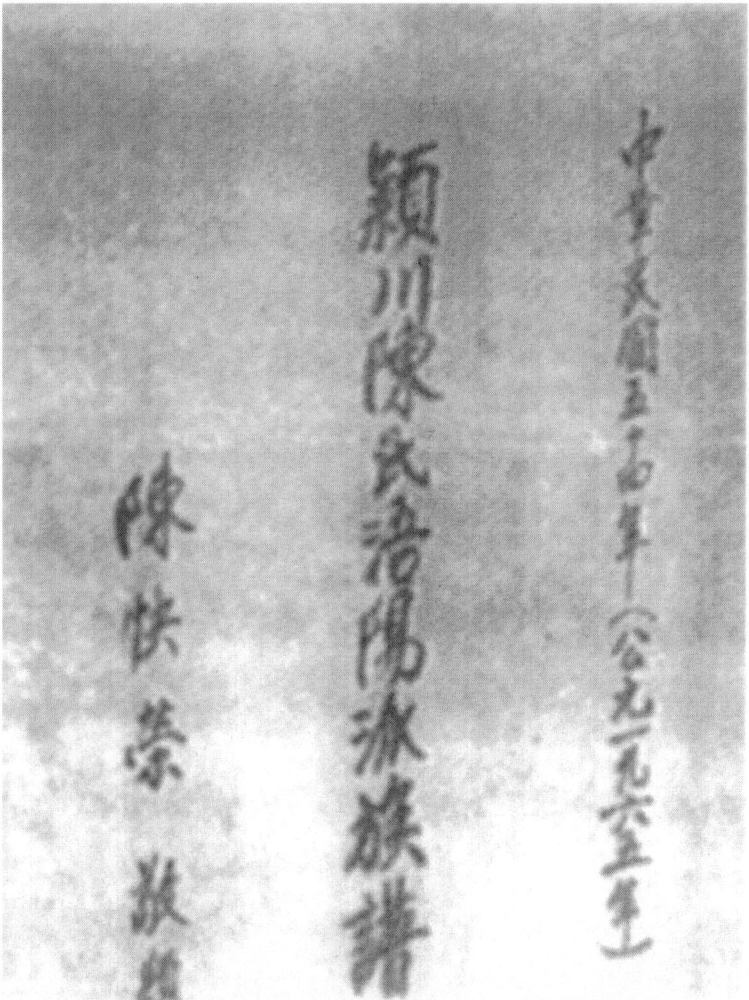

陳家族譜

第20站：公館地區精神守護者：寶藏巖

台北市前五名的五座最老古寺廟，第一名是北投唭哩岸慈生宮，明永曆十八年（一六六四）創建，供奉神農大帝。第二名也是北投的關渡宮，康熙年間創建，供奉媽祖。第三名就是本站的公館寶藏巖，第四老是古劍潭寺，第五老是中和霹靂宮（俗名雷公廟）。

寶藏巖位在公館汀州路三段二三〇巷，從公館圓環、福和橋旁的小巷路進去，不到五分鐘進入一個水岸明媚的世界，「寶藏巖」三個大金字老遠看到。歷史上另有多種稱謂，寶藏寺、石壁潭寺、觀音亭、寶藏岩都是。名稱和地緣通常有關，寺旁的山正是觀音山（也有稱小觀音山），

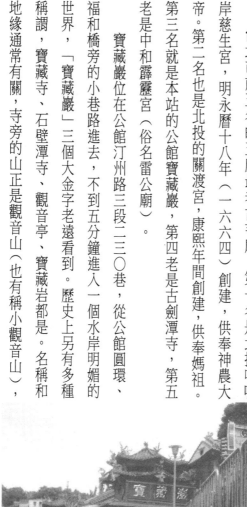

面臨新店溪的山寺門外，古早有斷崖絕壁，故得名。按「台北寶藏巖史略」資料，簡說古寺沿革。

康熙二十年（一六八一年），拳山一帶信徒創建這座叢林道場，崇祀觀音、佛祖。乾隆五十六年（一七九一），復擴建東西廂殿，均係郭治亨布施其山園與康公合建。

道光三年（一八二三）再整修，後增祀文昌帝君、關聖帝君、註生娘娘、天上聖母、城隍等諸神佛。民國二年改稱寶藏寺，五十七年又恢復原名寶藏巖。六十二年初，各界善德發起重修，至六十三年政府核定為國家重要古蹟。

民國七十年，開山三百週年暨正殿

右圖：立於寶藏巖門口的「文山郡聯合男女青年奉獻」碑。

拜殿東西廂殿、功德堂、圖書館、圓通寶殿均重修完成，為祈求國泰民安、世運昌隆，經巖務會議公決，擇「寶藏巖」為正名。

關於郭治亨捨其山園與康公合建事，其史實在台北市佛教主要寺院、淡水廳誌等文獻有記載。郭治亨子佛球亦捨身為寺僧，父子墓仍在巖旁邊；郭之女九歲死於地震，鬼輒夜哭祀之乃止。巖壁有游大川香田碑（如照片），記其史事。

游大川香田碑記

除前述崇祀諸神，至今另有四大天王（增長、持國、多聞、廣目天王）、地藏菩薩、十八羅漢等眾神佛，可見已經佛道融合了。

歷代主持的法師，按有記錄為：開山法師享治亨、林妙元、浣潭常、釋德馨、僧佛球、寶珠仁、媚峰巒、怡清明、泉参化、許晉成、許九黨、康當家、胡氏德對、鄭寬儀、陳春貴、林淑汶、修振、王火地、宏德。以上多位法師中，釋德馨於倭據時期在基隆月眉山靈泉寺，當過多年住持，靈泉寺乃大陸福州鼓山湧泉寺之衣缽，屬於曹洞宗。故往昔有學者認為寶藏巖也是曹洞宗系統，只是長久的佛道融合，曹洞宗色彩已淡了。

康熙年間漢人入墾台北盒地，沿淡水河進入，進入新店溪一支到達公館一帶，就碰到更強大的生番阻力。最初觀音山和蟾蜍山是相連的，中間一片原始森林，史書曾記載「地險番兇」，漢人難以前進一步，乾隆二十二年（一七五七年）乃在公館駐軍。當時的建築物（不論官、民），大多要包含軍事防衛的功能，如公館古宅

筆者為文藝界朋友導覽公館古蹟，在寶藏巖入口處留影。
左一是詩人吳明興，左二是企業家詩人范揚松。

義芳居（後站講）有「銃眼」。寶藏巖也不例外，雖是寺廟平時供信仰依托，當聚落受到威脅，立即成為一座碉堡，可見早期移民是「賣命」在幹的。

寶藏巖因為是公館最早的佛寺，一方面「先到先佔」，再者郭治亨法師捨棄很多田地，全部布施給寶藏巖。早期寺產很多，包括現在水源地、舊三總都是「觀音地」。但倭據後，寺產不斷被征收他用，如今剩百坪。

寶藏巖雖不如往昔風光地廣，但目前在台北市政府和民間文史工作者的努力，結合附近國際藝術村、自來水博物館的水意象，也成為重要的觀光點（下兩站講），古蹟也有了新生命，更成為一種「創意產業」。

第21站：寶藏巖國際藝術村

寶藏巖國際藝術村（簡稱藝術村），位於台北公館新店溪岸邊，緊鄰寶藏巖寺。但其歷史軸線延伸到附近聚落、水岸，此聚落為早年形成的違章建築，依山傍水而建（如照片），蜿蜒錯落複雜又落後，呈現戰後許多來台的流浪者聚居之樣貌。

二〇〇四年寶藏巖正式登錄成歷史建築，經各界努力，把違章聚落包含進來保存並活化下來。二〇〇六年由台北市政府文化局開始進行聚落修繕工程，二〇一〇年十月二日藝術村正式營

寶藏巖國際藝術村獲國外媒體推薦為臺北最值得看的旅遊景點之一。

運，以「聚落共生」根念引入「寶藏家園」、「駐村計畫」和「青年會所」等計畫，用藝、居共構的做法，活化保存寶藏巖周邊地區的歷史記憶。

這小小的藝術村，已經走上大大的國際舞台，榮登二〇〇六年《紐約時報》專欄推荐為台北最值得看的旅遊景點之一。藝術村搭起了聚落居民和藝術家的媒合平台，目前有國內外藝術家、藝術團體進駐，在村裡生活、創作。

二〇一二年六月筆者參訪藝術村時，有藝術家甘燿嘉、王明霞、羅禾淋、林舜龍；有藝術團體植物語彙金工概念工房、神棍樂團、**Open Lab. Taipei**、差事劇團、**House** 客棧、都市酵母、阿尼馬動畫工作室等。

另外還有老外（國際）藝術工作者，菲利

正面看藝術村

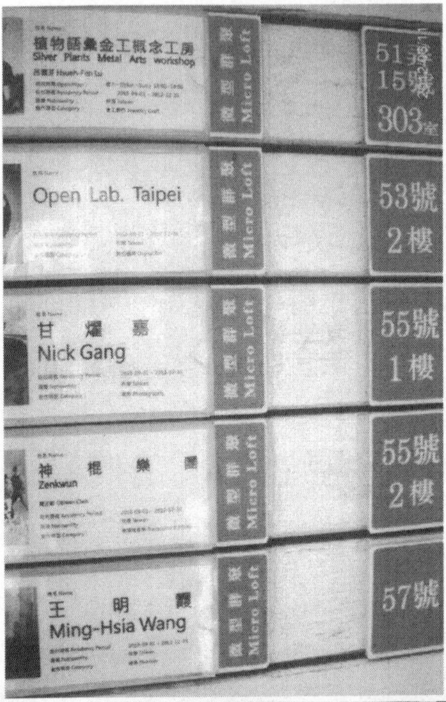
植物語彙金工概念工房
Silver Plants Metal Arts workshop
Micro Loft
303室
Open Lab. Taipei
Micro Loft
53號
2樓
甘 燿 嘉
Nick Gang
Micro Loft
55號
1樓
Zenkwun
Micro Loft
55號
2樓
王 明 霞
Ming-Hsia Wang
Micro Loft
57號

2012/06/11

藝術村前美女（吾妻）

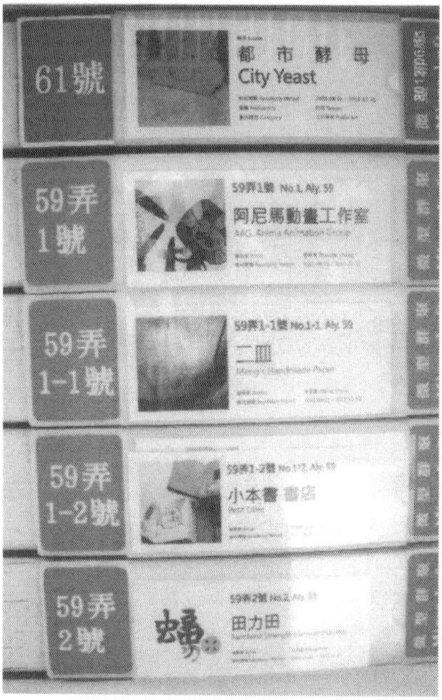
61號
都市酵母
City Yeast
59弄1號
59弄1號 No.1, Aly. 59
阿尼馬動畫工作室
59弄1-1號
二皿
59弄1-2號
小本書 書店
59弄2號
田力田

差事劇團
Assignment Theatre Group
Micro Loft
House 客棧
羅禾淋
He-Lin Lo
林舜龍
Shuen-Long Lin
Tadpole Point

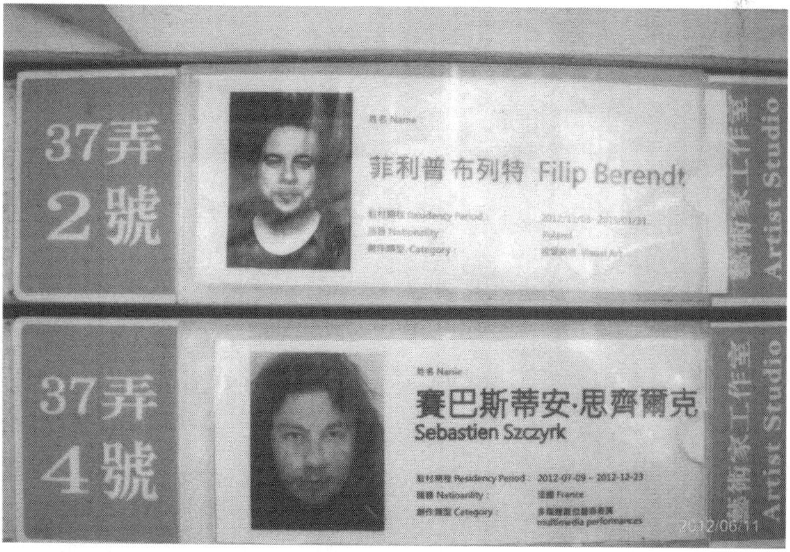
37弄2號
菲利普 布列特 Filip Berendt
Artist Studio
37弄4號
賽巴斯蒂安·思齊爾克
Sebastien Szczyrk
Residency Period
Nationality
Category
2012/06/11

普布列特（Filip Berendt，波蘭）、賽巴斯蒂安．思齊爾克（Sebastien Szczyrk，法國）、前川紘士（Koji Maekawa，倭國）等，所有藝術工作者的基本資料，都設計精美置於公佈欄，讓來賓遊人一目了然（詳附照）。多年前我到歐洲旅遊，也曾參觀類似景點，極有創意，現在中國人也開始「活」起來了！

藝術村現在風光的走上國際舞台，是台北市重要的歷史人文參觀景點，但它原來只是一個違章建築聚落群，住的全是社會底層貧窮的弱勢者，吾人加以考古，原來……

國民政府遷台，台北市成了臨時首都，原來三十萬人口的台北市，到民國四十年代瞬間膨脹為六十萬，加上大量土地、資源都以軍事用途為優先，有三分之一人口居住在違章建築

內，公館水源地是台北市重要供水廠，也要重兵把守。於是，觀音山和寶藏巖周邊地區，成為台北市南區軍事要塞，聚落內的平民進出全受到管制，唯一出入通道羅斯福路一九六巷（今汀州路二三〇巷）設檢查哨，但不論怎樣，人口增加是管不住的。

民國五十一年台北市人口達九十七萬，六〇年代更達二百萬人，許多窮人都住違建，整個觀音山頭完全為櫛比鱗次的違建所據。從光復初只有六戶，成為後來的一百多戶。

一九九三年開始是拆遷和保存的拉鋸戰，後經馬英九和王建煊的背書承諾，政府和民間的努力，成為今天的藝術村。

電影鏡頭下的寶藏巖國際藝術村與歷史聚落意象

一個違章聚落（有稱「台灣吊頸嶺」），竟有許多傳奇故事，有極大的媚力，竟吸引不少名導演到此取景拍片，如侯孝賢、徐小明、瞿友寧、連錦華等。在此拍過的電影知名者如「大頭仔」、「少年ㄟ，安啦」、「南國再見南國」、「雨狗」、「殺人計畫」、「小雨之歌」、「汪洋中的一條船」、「山雨欲來」等。以下按二〇〇二年台北藝術節寶藏巖新發現影展資料，將電影背景（導演、演員、出品、製片等），印陳於後，以見這個公館地區小小一個歷史聚落，也有它的深層人文意涵。

再者，將這些電影的情節大綱和鏡頭下的寶藏巖社區簡介，一併置於本篇末的附錄，相信這是許多人的記憶，也許記憶已很久遠（如汪洋中的一條船、鄭豐喜的故事），但你看到本書的介紹，必定再次喚醒你的青春、你的少年時代……

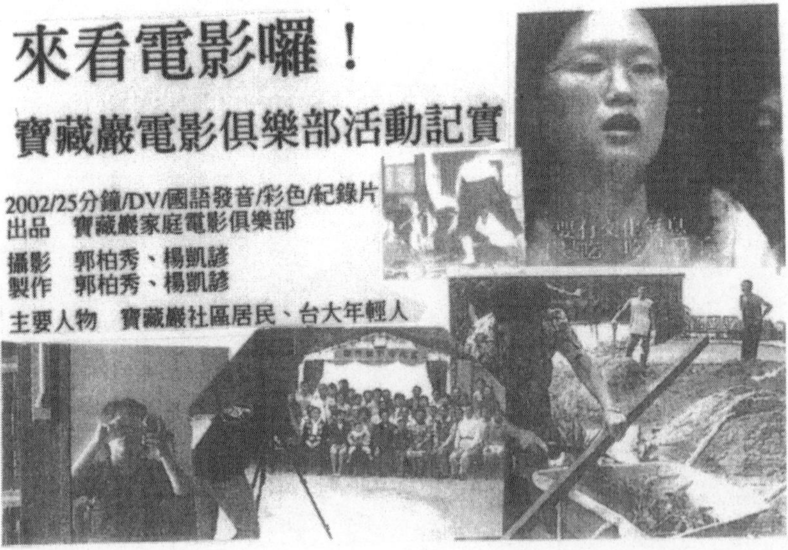
來看電影囉！
寶藏巖電影俱樂部活動記實
2002/25分鐘/DV/國語發音/彩色/紀錄片
出品　寶藏巖家庭電影俱樂部
攝影　郭柏秀、楊凱諺
製作　郭柏秀、楊凱諺
主要人物　寶藏巖社區居民、台大年輕人

南國再見南國

GOODBYE SOUTH, GOODBYE

1996/116分鐘/35釐米/國、台語發音/彩色/劇情片
出品　侯孝賢電影社

導演　侯孝賢
製片　水野勝博/市山尚三/金介文
原著　高捷/金介文

監製　奧山和田/楊登魁
策劃　詹宏志
編劇　朱天文

主要演員　高捷、林強、伊能靜、徐貴櫻、魏筱惠

雨狗

RAINY DOG

1997/94分鐘/35釐米/國、台、日語發音/彩色/劇情片
出品　東映株式會社

發行　大映株式會社
導演　三池崇史

製片　土川勉、木村俊樹、張華坤
編劇　井上誠吾

主要演員　哀川翔、高明駿、陳仙梅、何建賢、李立群
張世、程守一、田口友朗

少年ㄟ，安啦！

DUSTOFANGELS

1992/104分鐘/35釐米/國、台語發音/彩色/劇情片
出品　城市國際電影公司

導演　徐小明　　　　出品人　江文雄/張華坤
策劃　詹宏志/陳國富　　監製　侯孝賢
製片　張華福　　　　編劇　徐小明

主要演員　陳松勇、高捷、顏正國、譚至剛、魏筱惠

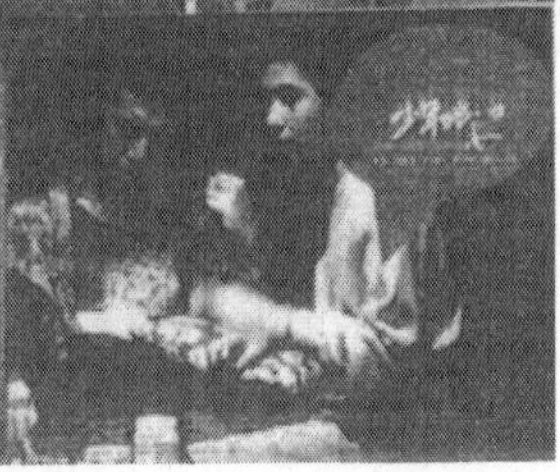

大頭仔

1989 / 97分鐘 / 35釐米/ 國、台發音 / 彩色/劇情片
出品　鴻泰電影公司

製片　張嘉泰、陳其遠
導演　蔡揚名
編劇　吳念真、許仁圖

主要演員　萬梓良、恬妞、陳松勇、陳震雷、蔡岳勳

汪洋中的一條船

2001/25輯/電視劇/國、台語發音/彩色/劇情片
出品　公共電視

總策劃　李行、林福地　　製作人　林清介
導演　李泉溪、謝一德、吳桓　　原著　鄭豐喜
編劇　林煌坤

主要演員　陳美鳳、長青、翁家明、小彬彬、兵承融、于佳卉

山雨欲來

1997/25分鐘/VHS/國語發音/彩色/紀錄片
出品　超級電視－生命告白系列

導演　林琬玉
製作　林琬玉

主要人物　汪紹祥、汪曉芬、朱雲龍、呂國華、陳本清、游秀等人

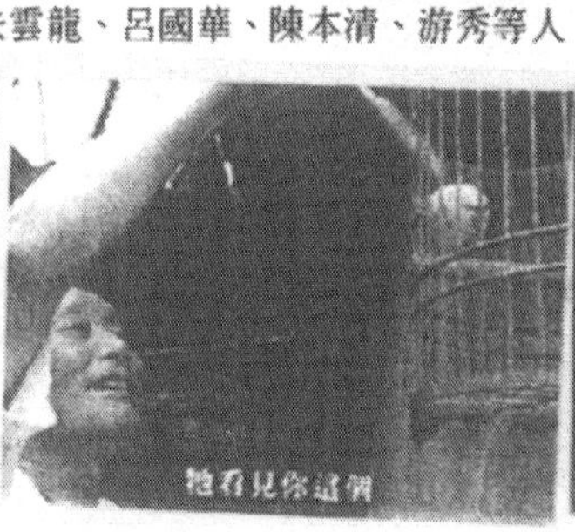

殺人計畫

MY WISPERING PLAN

2002/146分鐘/35釐米/國語發音/彩色/劇情片
出品　氧氣電影公司

導演　瞿友寧
製片　黃麗玉　阿Ken
聲音設計　杜篤之
監製　沈保民、黃茂昌
編劇　瞿友寧、林純華
攝影師　周以文

主要演員　楊佩潔、謝欣穎、許紹洋
柯一正、陸弈靜、黃金山、陳譯賢

小雨之歌

SOUTH BOUND SWALLOW

2002/87分鐘/35釐米/國語發音/彩色/劇情片
出品　中央電影公司/如魚得水電影有限公司

導演　連錦華
編劇　陳曉東
攝影　張展
劇本　連錦華
錄音　湯湘竹、郭禮杞
美術　蔡照益

主要演員　陳湘琪、段鈞豪、關穎

第22站：從水道水源地到公館水岸新意象

有水源的地方一定就是文明文化的起源，如我國的長江、黃河，如兩伊（伊朗、伊拉克）的兩河文明，或印度恆河文明。所以，公館水源在歷史上，也可以說創造（至少也是維持），台北市（尤其公館地區）之文明文化，在倭人尚未竊佔台北城之前，公館觀音山臨新店溪畔，就叫水源地。

歷史上的水道水源地

劉銘傳建設台北府城時，已開始展開自來水設備的規劃，畢竟當時台北城人口約十萬人，每天都急須用水。可

• 至取水口挑水

惜一八九五年台灣成為倭人所有，奪取台灣只是倭人完成歷史天命「消滅中國」的初步成果。

倭人據台後，在劉銘傳的建設基礎上，開始台北城的自來水規劃。民前十六年八月，倭人總督府特別聘請英國人威廉巴爾頓（William K. Burton）來台，由總督府技師濱野彌四郎協助，進行全台及台北自來水建設之調查研究工作。一九〇八年，依照巴爾頓先生之建議，在公館觀音山腳下新店溪畔建取水口，以引取原水。又在觀音山麓設淨水場，進行淨水處理，再將處理過的清水，以抽水機抽送到觀音山上之配水池，藉由重力方式自然流下，供應當時城市用水。

一九〇八年取水口、唧筒室和設備先行完成。（本文附取水口取水、運沙石照片，是公

館水岸意象復原圖，攝於渾水抽水站下的岸邊牆壁。）一九〇九年輸配水管、淨水場及配水池全面完工。淨水場開始供水，每日出水量是二萬頓，台北市人口已達十二萬人，命名「台北水源地慢濾場」，對整個週邊統稱水道水源地。

從公館水源地舊照片看，當時淨水廠有一個噴泉，其目的在標示水壓，同時也表示當時台北盆地所有建築物高度，不能高於噴泉高度，超過的樓層將無水可用。

民國66年（西元一九七七年）台北區第三期自來水建設完成，慢濾場拆除改建成現代化快濾場，並易名為公館淨水場。因水源污染日益嚴重，原水取水口被迫由新店溪下游移至上游青潭堰，借重力自然流方式，經隧道、涵渠等輸送至長興淨水場分水井，再導水至公館淨水場處理，最後

● 至取水口搬運沙石

自來水博物館

潭水抽水站的故事

經由大型抽水機，加壓送至輸配水管網系統，以供應台北地區民眾日常的用水。同年，唧筒室完成「抽取原水、輸送淨水」之使命，功成身退。

其自西元一九〇八年創建迄今已有百餘年的歷史，民國八十二年（西元一九九三年）六月因年久失修且多處漏水，結構堪慮應予整修。因此，於民國八十七年（西元一九九八年）五月斥資八千餘萬元修護，恢復唧筒室之原貌，並多方蒐集有關自來水歷史的照片及器材，充實整體內容與相關週邊設備，完成全國首座自來水博物館。自來水處並結合原有淨水場、自來水器材歷史區、自來水博物館、觀音山步道、苗圃等，規劃成佔地十七公頃的「水霧公園」。成為介紹台北自來水事業之最佳歷史見證之餘，也是民眾休閒運動的新選擇。

民國八十二年內政部將「唧筒室」列為三級古蹟，於九十一年二月，台北市政府將觀音山蓄水池、量水室、渾水抽水站等建築，連同唧筒室，擴大成古蹟聚落群，台灣第一個現代化自來水設施，完成整體

性脈絡式保存，並將這群古蹟群正式名為「水道水源地」。

回顧修整過程，依整體殘蹟顯示，量水室長寬各九公尺，磚造建築，雙坡水之斜屋頂，立面採漆塗面層並以飾板及飾帶，凹凸方式呈現立體感。為當時特殊之倭式建築風格，後因水泥粉刷層覆而不復見，屋頂是光復後改建之鋼筋混凝土平屋頂。

為復原古蹟之原樣，經台北市文化局古蹟審委會決議，剔除光復後之水泥粉刷層，將殘留原樣三角楣山牆及角柱，予以修補復原，在立面上同時呈現前後時期之歷史風貌。

量水室內保留原有量水機具，局部利用結構玻璃展示下方原有管線及控制閥，並搭配木地板，以利室內空間之使用。均見市府

淨水場的量水室（1913 年 3 月竣工）

文化局保存、復原古蹟之用心，吾人對於過去之歷史不應忘光光，應記取歷史教訓。

現今「自來水博物館」前身為「臺北水道水源地唧筒室」，西元一九〇七年興建，一九〇八年竣工，一九〇九年開始供水，為臺北市現代化自來水供應之始。唧筒指的是抽水機械設施，負責供給導水及送水所需的動力，唧筒室為水道設施的動力核心。

臺北水道各設施建物各有特色，其中以唧筒室（自來水博物館）最為特殊，整體呈扇形，是新古典主義建築精神，整體空間採嚴謹的對稱手法及比例掌握；外觀立面亦為其建築特色，採用古希臘與羅馬形式的古典柱式、圓拱、圓頂等。

臺北自來水事業處於二〇〇〇年起修復唧筒室，整體規劃園區，增闢多樣與水相關場地，以「自來水園區」開放參觀，邀請您親自前來自來水博物館，瞭解臺北水道百年風華。

公館水岸新意象

廣義的「公館水岸」，包含新店溪畔公館地區所有的新、古、舊建設，包裝成一個「整體開發建設案」。按《台北畫刊》五三四期報導，臺北市因生產力和出口表現優異，而在二〇一二年「亞太未來城市評比」排名大幅躍升至第五名後，五月在俄羅斯聖彼得堡舉行的「全球卓越建設獎」（FIABCI Prixd'Excellence Awards）頒獎典禮中，北市府再以「公館水岸總體發展計畫案」及「忠孝復興站聯合開發大樓」分別獲得「公部門基礎建設／環境適意工程類」與「商業建築類」銀獎殊榮，是唯一獲頒兩個獎項的城市，風光領獎的背後，展現的是臺北市政府重視經濟發展以及環境永續的決心。

有建築界奧斯卡金像獎之稱的「全球卓越建設獎」肯定，該獎項由世界不動產聯合會頒發，共有來自全球超過六十件作品參賽，臺北市能在其中脫穎而出，顯見其工程品質具備國際水準。「公館水岸總會發展計畫案」及「忠孝復興站聯合開發大樓」兩案的獲獎也是臺北市繼二〇〇八年以北投圖書館得到公共建設類銀獎之後，再次受到肯定。臺北市政府由秘書長陳永仁代表受獎，與全體市民分享榮耀並共同體驗建築為城市帶來的便利和美感。今年市府再次獲得國際級的建設大獎，除了肯定市政團隊共同打造臺北市成為世界級城市的努力付出，也讓國際見證北市辦理公共建設的成功與創舉。

為何公館水岸能在短時間內，不僅成為台北市明星級的觀光點，也站上了國際舞台，回顧這個「小地方」的規劃整建經過。看出台北市確實用了心在做事。此次獲獎的兩個計畫案中，「公館水岸總體發展計畫案」在二〇〇八到二〇一〇年間，共執行二十多項相關計畫，以科技、水岸、人文為都市建設願景，透過行人、自行車動線和公共空間改善，以及軟體行銷等不同主軸，就地區特色、發展潛力及限制條件，提出完整的發展構想後分項進行，整合相關資源，有效串連客家文化主題公園、臺大水源校區、河濱綠地、公館商圈輔導活動，規劃城市遊程行銷，以創新的手法，重新打造公館成為臺北市南區親水觀光新亮點，創造永續生態環境，讓公館水岸成為臺北市民重要的休閒活動空間，使市民重回水岸，不僅提升整體環境品質，更帶動地方觀光產業的發展。

廣義的公館水岸新意象內涵，可以看立在公館街頭多處廣告看板（如照片），共有十八個景點：公館水岸廣場、親水體驗教育區、水鄉庭園、自來水博物館、古亭河濱公園（一）（二）、親水通廊自行車道、客家

全球卓越建設獎頒獎典禮上，臺北市獨獲兩大獎，由秘書長陳永仁代表受獎，與市民分享榮耀。（圖／FIABCI Russia 提供）（因公館水岸建設榮獲國際大獎，《臺北畫刊》534期，民國101年7月。

上圖：自來水博物館內一景。

左圖：他是路統信，一九五〇年到水源地游泳，台大森林系畢。

文化主體公園、紫藤廬、水源劇場、寶藏巖寺、藝術村、福和攀岩場、公館商圈、臺大校門、臺大校史館、醉月湖、臺大二活。

另一個使公館水岸整體增色加分的，是寶藏巖周邊規劃的「生態廊道」（見聯合報剪報）。工程採生態工法，新設水陸生態交換道、生物友善廊道、蜻蜓棲地、串連濱溪林帶；同時復育周邊指標性物種，有小白鷺、紅冠水雞、翠鳥、蜻蜓、豆娘、艾氏樹蛙、樹鵲、赤腹松鼠等。

從劉銘傳建設台北府城的現代化各項施政（他光緒十二年、一八八六年四月，就第一任台灣巡撫。），吾人已難以窺知他當年的公館水源地規劃之樣貌，中間經倭據建設五十年，到筆者寫本書（二〇一三年），已是一二七年了！

歷史走過一百多年，許多人的因緣留在水源地，水源地有很多人的回憶、很多人的血汗努力，才成為現在公館水岸新意象！

公館水岸導覽地圖 Gongguan Riverside Guide Map
公館水岸
TAIPEI
2013/04/05

公館
水岸
臺北市政府觀光傳播局 1999轉7572
Department of Information and Tourism
Taipei City Government 1999 ext. 7572
TAIPEI
免付費旅遊諮詢服務熱線 0800011765
24-Hour Toll-Free Travel Information
Hotline 0800011765
2012.12

9 紫藤廬 Wistaria House

10 水源劇場 Wellspring Theater

11 寶藏巖寺 Baozangyan Temple

12 寶藏巖 Treasure Hill Artists CO-OP

13 福和攀岩場 Fuhe Rock Climbing Field

14 公館商圈 Gongguan Shopping District

15 臺灣大學校門 The Main Gate of NTU

16 臺大校史館 Gallery of University History

17 醉月湖 Drunken Moon Lake

18 臺大第二學生活動中心 NTU 2nd Student Activity Center

左圖：透過總體開發和城市遊程行銷，公館水岸已成為市民重要的休閒空間。《台北畫刊》一〇一、七

下圖：「公館水岸總體發展計畫案」成功打造公館為親水觀光新亮點。《台北畫刊》一〇一、七

▶公館水岸—臺北自來水園區

地　址：思源街1號

電　話：8369-5104

傳　真：8369-5105

網　址：waterpark.twd.gov.tw

景點資訊：

（一）免費區域：量水室古蹟廣場、公館水岸廣場、水資源教育館

（二）自營區域：自來水園區

1. 開放時間：夏日期間（每年7月1日至8月31日）09:00～20:00（售票至19:00）；非夏日期間09:00～18:00（售票至17:00）；每週一休園、週一適逢連續假日則照常營業。

2. 票價：

<table>
<tr><th>票種／適用期間</th><th>全票</th><th>優待票</th><th>博愛票</th><th>團體票</th></tr>
<tr><td>夏日期間</td><td>80元／人</td><td>60元／人</td><td>40元／人</td><td rowspan="2">30人以上團體每人按票價打8折</td></tr>
<tr><td>非夏日期間</td><td colspan="2">50元／人</td><td>25元／人</td></tr>
</table>

（三）委外經營區域：親水體驗教育區（水悟空親水樂園）

電　話：2367-7556

傳　真：2367-7600

網　址：www.aquakid.com.tw

1. 開放時間：06:00～22：30（戶外戲水區將配合季節調整）；每月第一個星期一休館。
2. 票價：成人票250元、學生票200元、兒童票150元、幼兒票75元、長青票125元、殘障票125元、團體票20人以上團體可享9折（需事先預約）。

（資料提供：臺北自來水事業處）

寶藏巖 生態廊道完工

都發局在寶藏巖周邊規劃生態廊道，已經完工。除採生態工法，也復育小白鷺、翠鳥、蜻蜓及各式魚類。

圖／都發局提供

联合报. 2013. 7. 2.

【記者高詩琴／台北報導】為打造市區的生態廊道，北市府都市發展局花費900多萬元，在寶藏巖周邊規劃生態廊道，目前廊道已經完工。除採生態工法，也將復育小白鷺、翠鳥、蜻蜓、各式魚類等。

都發局表示，未來會再選擇「圓山、大佳河濱、新生公園」及「奇岩社區」等兩處，規劃為生態示範區，繼續推動生態廊道工程。

都發局科長陳建華說，都發局選定寶藏巖周邊規劃「生態廊道」，是評估周邊有蟾蜍山種原豐富，加上有萬盛溪、新店溪，希望將生態引進市區。檢討全市生態分布情形，最後擇定寶藏巖南側永福公園濱溪林帶，為優先改善示範區。

陳建華說，寶藏巖生態廊道的工程項目，包括新設水陸生態交換帶、設置生物友善廊道、營造蜻蜓棲地及串連濱溪林帶等。皆採用生態工法施作，包括具儲水能力的椰纖枕及可透水的圍束格框設置護岸，新設土石籠提供植物生長多樣性環境。施工期間約半年。

陳建華表示，寶藏巖生態廊道面積約2500平方公尺，希望透過寶藏巖生態工程，復育周邊幾項指標性物種，包括小白鷺、紅冠水雞、翠鳥、蜻蜓、豆娘、艾氏樹蛙、樹鵲、赤腹松鼠等。

第23站：公館古厝：義芳居、芳蘭居

漢民族早期移民到台灣開拓新天地，都是冒著極高的風險，真的是「賣命」的事業。首先要通過第一道天險是海峽黑水溝，進入島內到處是「地險番兇」，以及不同族群（以漳、泉之爭最烈）械鬥。所以，目前仍保存的清代古建築，不論官兵所建，大多要有民居和軍事防衛功能，本站要考古和導覽的公館古厝正是實例。

二百年前，泉州陳氏家族鉅資興築的芳蘭厝、義芳居和玉芳居，以考究的磚石厚牆構建（看磚牆照片），正身入口為凹壽式、單進多護龍的民居建築。

芳蘭大厝

也需具備防衛工事的設計、在建材、門窗開口、槍眼及護龍上的二樓槍櫃，顯示那也同時是一座軍事防衛型態的碉堡，說明那個不安的年代，墾戶要自行負責保衛家園的安全。

中國建築必然也講究風水，義芳居位於蟾蜍山腳，背山面水，坐東南向觀音山峰，處處可見精工巧匠。如今時光更迭，因帝大時代芳蘭地區已被劃入臺大預定地，後來臺大徵收時，陳氏後人提報古蹟，使古宅順利保存下來。可惜「玉芳居」已先在民國七十四年拆除，在臺大男七宿舍一二二室窗外只留下一垛殘牆。芳蘭厝和義芳居均在民國七十八年，獲公告為三級古蹟。

芳蘭陳家的渡台始祖是陳振師，他九歲時（乾隆二十七年、一七六二年）因家貧，

紅磚和基礎石材，給人堅定，古拙的感受。

一個人渡海來台，初在艋舺舊街「芳蘭記」船頭行做雜役。

陳振師在芳蘭記做了很久的工作，直到他長大，勤勞好學純誠的他得到老闆賞識。台語有俗話「一年換二十四個頭家」，表示一種極無耐性、無恆，甚麼都幹不好的人；陳振師正好相反，他是個人才。

陳振師長大升任夥計，後店東賺大錢，回大陸擴張事業，把台灣業務讓陳振師接手經營，累積不少財富，乃在嘉慶十一年（一八〇六年）建成芳蘭大厝。

後來陳振師子孫承續父親的勤勞精神，獲更多財富。光緒二年（一八七六年）在芳蘭大厝附近建義芳居（照片），光緒二十四年（一八九八年）再建玉芳居。可惜民國七十四年來不及呈報

義芳居古厝

古蹟便被臺大拆除男七舍，陳振師的第九代孫陳炳良，不忍祖先古厝拆光光，主動提報為古蹟。

筆者於二〇一〇年九月十三日及十六日，兩回親自到芳蘭大厝現地調查（在台北市大安區基隆路三段一五五巷一七四號），義芳居也在附近；巧遇大房媳婦現年六十五歲的張水裡女士在整理庭院，張女士表示芳蘭大厝建成年代是一八〇三年，但一般文獻記載一八〇六年，何者正確？恐須由專家再考證了。

陳家先祖的聲望不全靠財富形成，還要看如何使用財富。早期移民社會因是「冒險家的樂園」，許多弱勢者（開拓失敗者），均「死無葬身之地」。陳振師都出面處理，用其財富助人，很得地方敬重。是故，他獲朝廷賜封修職郎八品文官官階。

義芳居

第24站：郭錫瑠、瑠公圳

瑠公開圳事蹟，見於《臺北縣志》、《臺灣通史》及《臺灣開發史》等著作，留心本土（自己所住的地方）的人，也會在公館地下道看到介紹瑠公的看板，本文的瑠公畫像、圳路分佈圖等，都擷取自公館地下道看板。

郭錫瑠，號天錫，又名錫流，康熙四十四年（一七〇五年）十二月廿五日生。漳州南靖縣人（和呂秀蓮同鄉）。康熙中，隨父渡臺，先在半線（今彰化）。乾隆初，北遷大咖蚋。（註：各種文獻有大佳臘、加蚋仔等多種書寫，

都來自凱達格蘭族一個部落叫 Touckunan，位於今萬華一帶，後廣義也指稱整個台北盆地。）彰化田產仍經營中。

郭錫瑠到大加蚋，居中崙，拓興雅莊一帶荒埔。當是時，附近水埤淤遏，墾民苦於缺水，郭錫瑠見拳山（文山）青潭溪可以開圳，於是傭工興建，開大平林、合興寮、石空頂等圳，水力仍感不足。

郭公擬導青潭水入圳，鑑於工程浩大，非鉅資莫舉。乃盡賣彰化田產，獨籌資金二萬餘元，興工於乾隆五年（一七四〇年），引新店溪之水，自大平林築陂蓄之，穿山度梘，至溪仔口（見「古公館」站說明），又引至挖子內，過公館街（即下公館）、抵內埔庄，再分三幹線（詳見圳路分佈圖）。

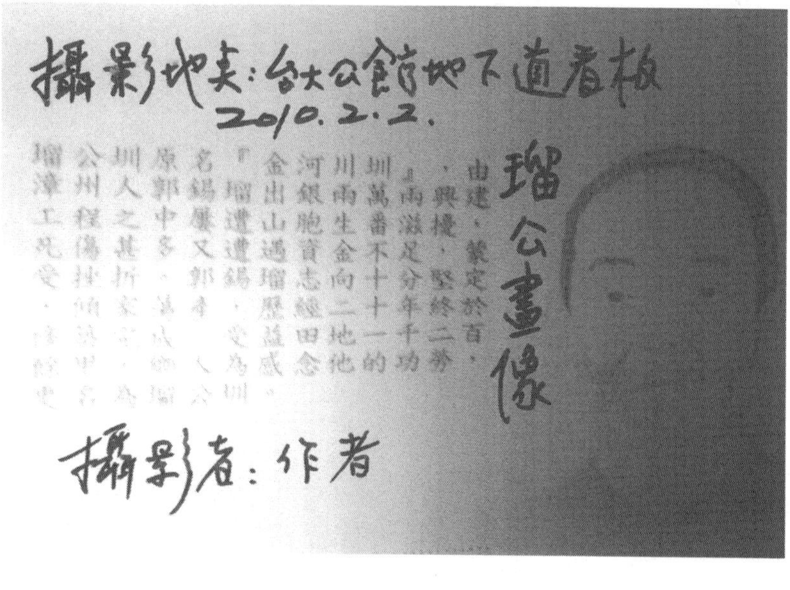
攝影地点：台大公館地下道看板
2010.2.2.
瑠公畫像
攝影者：作者

如圳路圖所示，基隆河以南、淡水河和新店溪以東的台北盆地，溝會縱橫，長數十公里。灌溉田地凡千數百甲，經廿一年完工，名「金合川」圳。

但通水後至乾隆三十年（一七六五年），因洪水所毀，又無資金可以復建。郭公見一生努力毀於一朝，因勞成疾，竟於是年十一月十八日去世，享年六十一歲。諡曰：「寬和先生」，葬錫口（今松山）下塔悠。

郭公有子元汾，繼承父志，力圖恢復，乾隆三十三年加以變更圳頭，遂臻完成。後以紀念郭錫瑠父子的「大禹精神」，稱該圳為「瑠公圳」。

歷史記載公館地區開圳灌溉農田，尚有雍正末葉由先民周永清發起，招七人合資開圳。他們從景尾（梘尾、景美）霧裡薛溪引水，經蟾蜍山麓，到水源地（今自來水博物館），分股導流，公館地區（古亭、內埔、大安、芳蘭）受益最大。此圳七人合股，故又叫「七股圳」。

隨著城鎮發展、人口成長、高度都市化，先民開拓的古圳道，如今只剩零星點滴（如臺大醉月湖、水源池、溫州街內一角，見相關各站）及一塊紀念碑。每天無數忙茫的現代人經過紀念碑旁，絕大多數人無視於它的存在，只有少數文史工作者和臺大志工，會投以一些關愛的眼神。

佛曰：一切的人事都在緣起緣滅，時間空間也在成住壞空中輪迴。或許，這就是歷史，我們不能叫歷史不要走！

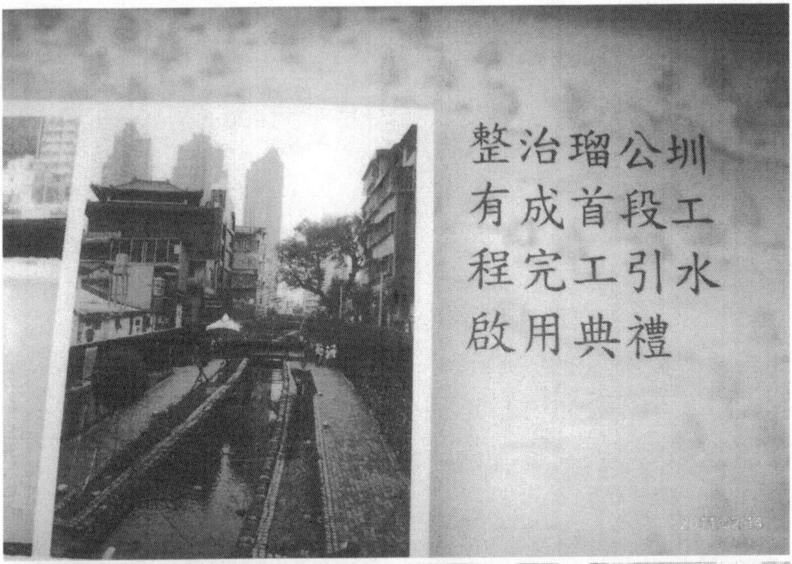

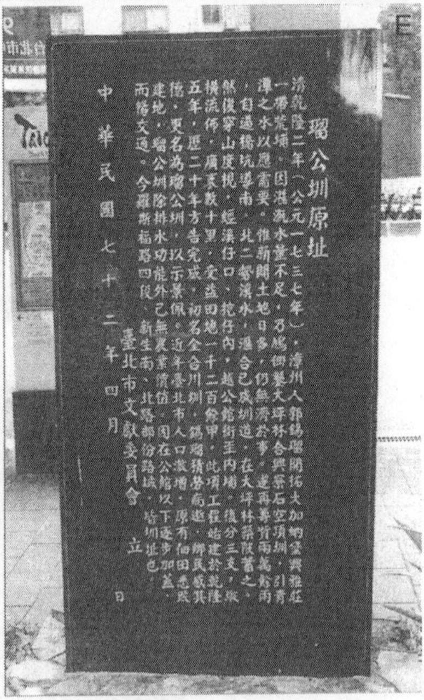

位於台大校門口、新生南路邊

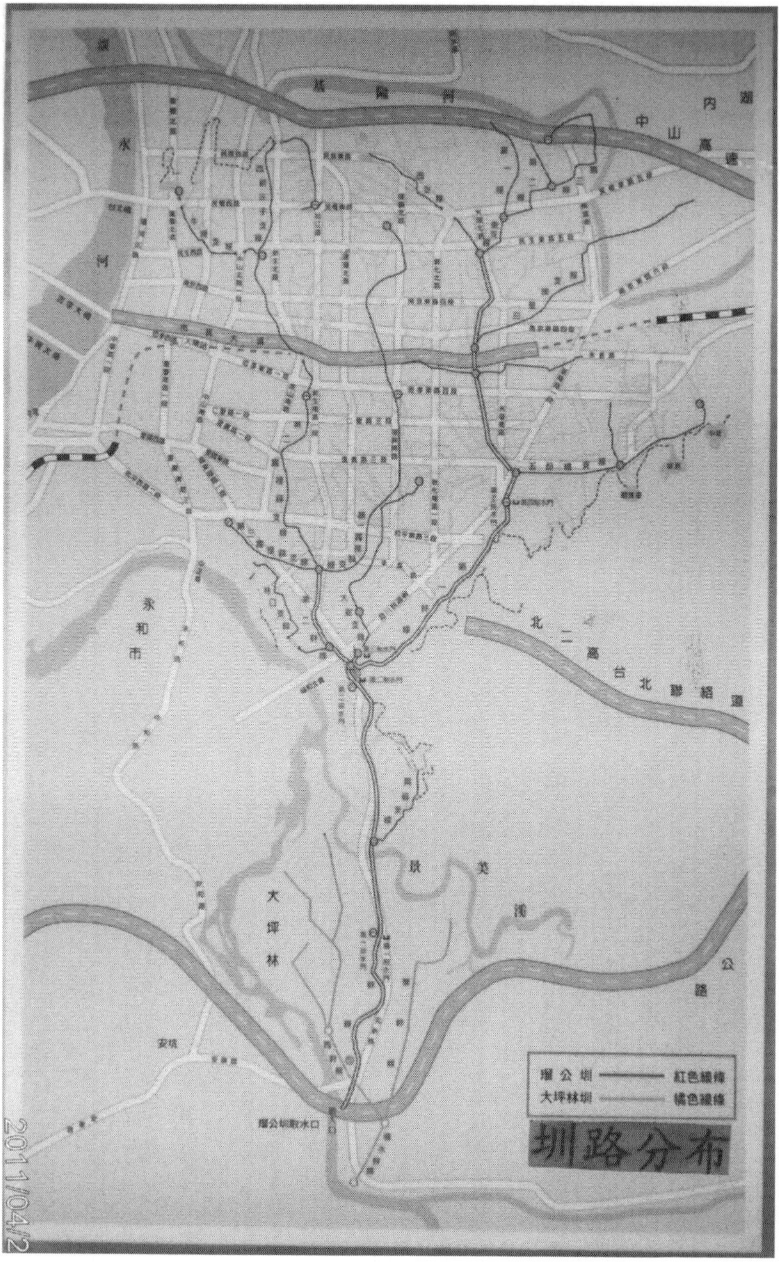
淡
水
河
基隆河
內湖
中山高速
永和市
北二高台北聯絡道
景美溪
大坪林
公路
安坑
瑠公圳取水口
瑠公圳 —— 紅色線條
大坪林圳 —— 橘色線條
圳路分布
2011/04/2

第25站：萬新鐵路，沿線人文歷史回顧

一九二一年四月通車，萬華到新店的「萬新鐵路」，到底中間有幾個停靠車站，幾乎所有的文獻資料、老一輩的回憶文章，說法都不一起。原因是萬新鐵路各站，有客運站、貨運站、客貨兩運站，據長老說還有「招呼站」（有人停、沒人不停）。

綜合各種站，共有十七站：萬華、堀江、馬場町、螢橋、古亭町、仙公廟、水源地、公館、十五份、製罈會社、景尾、二十張、公學校、大坪林、七張犁、新店、郡役所。各站設立年代和變遷，詳看後表。十七個站中，屬公館地區有五：古亭町、仙公廟、水源地、公館、十五份。

文山地區在交通建設史上，最早於一九一九年由南門開築輕便車軌道，經景美、木柵、深坑、到石碇，除輸送物資外，亦有其戰略性的考量。後來於一九二一年，由台北鐵道株式會社建設由萬華到新店的鐵路新店線（俗稱萬新鐵路），全長 10.7 公里，在文

位於羅斯福路六段與車前路口的景美火車站

水源地站

水源地車站。與臺大正門相遙望。水源地站的售票口拆除後，現在成為都市建築空間一處小廣場，位置在羅斯福路 3 段 316 巷底 20 號門前。（攝影／洪祖仁）

早年臺大人的「捷運」—萬新鐵路

路統信

1921 年開始營運的萬新鐵路，是早年臺大人通勤的主要交通工具之一。

停靠在公館站的新店線列車。（攝影／洪祖仁）

假日則可搭車至碧潭風景區遊覽，圖為臺大學生在新店站月台候車。（提供／程德森）

沒有游泳池的時代，水源地也是臺大學生戲水的地方。

公館站。（攝影／洪祖仁）

停靠在水源地車站的新店線列車。後方小樓房是鐵路職工宿舍。位於羅斯福路3段284巷口與汀州路3段155號南側。現存遺跡廢置許久，古樹濃蔭，荒煙蔓草。（攝影／洪祖仁）

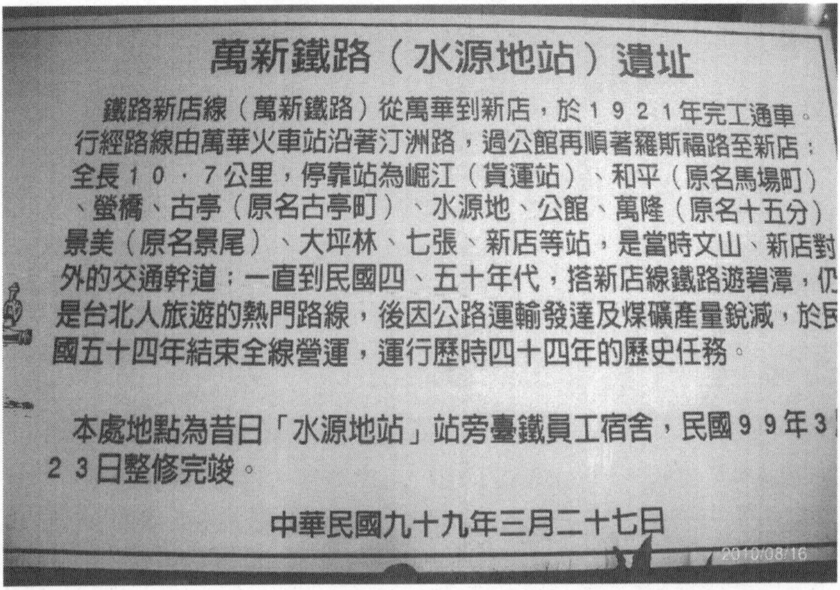
萬新鐵路（水源地站）遺址
鐵路新店線（萬新鐵路）從萬華到新店，於１９２１年完工通車。行經路線由萬華火車站沿著汀洲路，過公館再順著羅斯福路至新店；全長１０．７公里，停靠站為崛江（貨運站）、和平（原名馬場町）、螢橋、古亭（原名古亭町）、水源地、公館、萬隆（原名十五分）景美（原名景尾）、大坪林、七張、新店等站，是當時文山、新店對外的交通幹道；一直到民國四、五十年代，搭新店線鐵路遊碧潭，仍是台北人旅遊的熱門路線，後因公路運輸發達及煤礦產量銳減，於民國五十四年結束全線營運，運行歷時四十四年的歷史任務。
本處地點為昔日「水源地站」站旁臺鐵員工宿舍，民國９９年３月２３日整修完竣。
中華民國九十九年三月二十七日
2010/08/16

萬新鐵路乃西元1921年由台北鐵道株式會社興築，由萬華到新店的鐵路，初稱縱貫線新店支線。
萬新鐵路站名如下：

→ 萬華站（1921年設，在今龍山區康定路底）
→ 堀江站（日治時設，由萬華站分歧專辦貨運）
→ 馬場町站（1936年設，41年改稱和平站）
→ 螢橋站（1921年設，今古亭里廈門街）
→ 古亭町站（1928年設，41年後稱古亭站）
→ 仙公廟站（1936年設）
→ 水源地站（1921年設）
→ 公館站（1921年設）
→ 十五份站（1921年設，44年後稱萬隆招呼站）
→ 製罈會社前（1936年設，後稱製瓶會社前招呼站）
→ 景尾站（1921年設，37年改稱景美站，即車前路和羅斯福路交接處，是木柵、深坑、石碇一帶的客貨轉運站）
→ 二十張站（1938年設，即今江陵、信義、忠孝、大鵬等里）
→ 公學校前（1936年設，即今大豐國小）
→ 大坪林站（1921年設）
→ 七張犁站（1936年設）
→ 新店站（1921年設）
→ 郡役所前（1931年設，光復後改為臺北縣文山區公所）

山區設置十五份站及景尾站，使文山區的物資可經由輕便車輸送至今羅斯福路上的火車站附近集中倉儲，再轉運至台北。此外，由十五份火車站也鋪設一條通至警察學校附近的輕便車，將附近開採的煤礦運出；每至清明掃墓期間，由台北搭乘火車至十五份火車站下車後，再轉乘人力輕便車至公墓區祭祖，輕便車也是扮演區間運輸的功能。除一般運輸功能外，搭乘萬新鐵路到碧潭風景區遊玩，也是當時盛行的休閒活動。可惜不敵陸運競爭，鐵路新店線於一九六五年停駛，這段重要的交通歷史，也僅能留在耆老的記憶中。

萬新鐵路於民國五十四年停駛後，配合都市建設已全部拆除，在公館三軍總醫院急診室右前方，「貳樓」餐廳門口旁，留有圖文並述的紀念牌（如照片）。今簡說各站走過的歷史風華、人文點滴，以供導覽員參用，也讓活在廿一世紀的人，回憶那些已經「入土」的片斷。

萬華→和平（昔名艋舺→馬場町）

台灣首任巡撫劉銘傳於清光緒十七年（西元一八九一年）完成的鐵路，由於路線設計不當，日本便在明治三十四年（西元一九〇一年）將它改道，改由艋舺、枋橋（板橋）、樹林、鶯歌至桃仔園，同年（明治三十四年）八月二十五日，艋舺驛開始營業。大正九年（西元一九二〇年）改稱萬華驛。原來的「萬華車站」，老一輩的台灣人稱為「艋舺車頭」，完工於大正七年（西元一九一八年），屬木造長方形和洋混合風格之建築，四周設有迴廊。主要的屋架為洋式，立面相當美觀，屋頂兩端亦為西洋的背心式，中段做簡單的升起為入口處，下簷在正中央入口處做成日式的唐博風，並有斗拱出挑，與上層的西洋屋架形成有趣的對比，是座精緻漂亮的車站，曾經在許多人的內心裏，留下了極其深刻的印象。光復後，台北市消費之蔬菜以火車運至本站批發、整車與零擔貨運繁多為一特色。可惜在八〇年代因為鐵路地下化而遭拆除，改建成現在的萬華新站，於民國七十七年（西元一九八八年九月十九日正式啟用。

由萬華沿著鐵路前進，即為日人所稱之堀江町，其名稱係來自萬華南緣的「無尾港仔」而命名。今萬大路以東部分，此地於清代尚為菜園，只有少數民宅散居其中。到了日據時期（西元一九三五年）在今汕頭街五十四巷附近才興建了四排十一棟磚造建築，為本地當時最新式的建築。光復以後，和平西路旁開始發展成木業中心，那時計有東光、日益、林商號等十家木材行及鋸木廠。西邊則有美華、建華兩家肥皂工廠，為一工業住宅混合區。

莒光路上之臺北市雙園國民小學創立於昭和十一年（西元一九三六年）四月一日，

當時稱為臺北堀江公學校，校舍暫借老松、東園國校上課；翌於四月一日新校舍落成校名改稱臺北堀江國民學校；民國三十四年（西元一九四五年）十一月一日改名為臺北市雙園國民學校。

毗鄰堀江町的是馬場町，日據時代為防新店溪水患，沿今水源路、中華路二段、漳州街新築堤防，堤防內為住宅，堤防外之低窪沼地則闢建為練兵場，是士兵操練與騎馬場所，故名馬場町。松山機場未建之前，飛機均在練兵場起落，又稱南機場，西側一隅有飛機庫。大正三年（西元一九一四年），日本飛行家野銀藏駕機在古亭庄練兵場上空作飛翔表演為飛機見於台灣之始。

光復後機場廢棄成為垃圾堆積場。偌大的垃圾場堆積如山，但沒有今日垃圾之惡息，造就此區附近資源回收行業的興盛。民國五十年代，政府建設南機場公寓，為全台最早的國民住宅；其特色為外露式旋轉樓梯，樓梯中央為垃圾擲管道間，而且坪數雖僅八到十二坪，但有人甚至三代同堂居於斯，以今天的眼光來看甚是不可思議。人潮的聚集，南機場開始繁榮，南機場夜市美食遠近馳名，便宜又好吃。

馬場町有四個小地名，分別是崁頂、崁頂內、桂竹林、練兵場等。馬場町的崁頂地區，萬新鐵路的和平車站（馬場町），設於昭和十一年（西元一九三六年）十一月二十六日，即今永義宮旁汀州路八十九巷口。日據時期建有六間房屋，並有雜貨店一家，故被稱為崁頂店仔。永義宮主神五府千歲的二王爺——池王爺。是早年的居民信仰中心，每年農曆六月十八是池王爺生日，家家戶戶均要擺席，但昔日熱鬧已不復見。原占地不大，因王爺靈感，居民因而籌錢買下一店面改建，萬新鐵路拆除後，廟埕更為寬闊，宮裡的謝范將軍與王爺神像，均為百年以上。此地尚有民國四十三年（西元一九五四年）興建的龍口市場，係傳統老舊市場，里民購物買菜甚為方便。龍口市場旁，供奉福德正神。附近居民指出此土地公廟已有一百多年，民國五十八年（西元一九六九年）重修，曾經新塑土地公神像一尊，但幾年前神象遭竊，幸虧本尊仍保留下來，繼續座鎮永興宮。

日據時代擔負處理台北城內外的垃圾燒卻場，設於西藏路與三元街交會處。北邊與植物園大門相對，是台北最早的焚化場。場中有一高聳磚砌的煙囪，曾經為著名地標。由於人口增加垃圾劇增，過多的垃圾處理不了，使得南機場成為垃圾場，但目前尚遺留一垃圾傾倒斜坡道。在這塊土地上，現存一些住戶在簡陋房舍，大多為以前之環保人員。

臺灣光復後新築堤防，由淡水河擴大至新店溪畔，不再鬧水患的南機場便闢建高爾夫場，供達官貴人、富商大戶們休閒打球。民國六十三年（西元一九七四年）在蔣經國的堅持下，高爾夫球場改為一般民眾都可享用的「青年公園」。

民國八十九年（西元二〇〇〇年）八月二十一日正式啟用闢建的馬場町紀念公園在舊有練兵場，即是目前青年公園水門外高灘地。這裡曾是一九五〇年代戒嚴時期為追求社會正式及政治改革之熱血志士，被憲兵第四團處決的刑場。據當地居民指認，當時槍決人犯的地點多在土丘之上。其後受難者家屬每年均來憑弔祭拜。幾個著名的案件，如前國防部參謀次長「吳石案」、前台電總經理「劉晉鈺案」、「中共台灣省公委案」、嚴惠先案、劉如心案。據說第一個刑死於馬場町的台灣人，就是霧峰林家第廿一世林正亨，當時他年僅四十八歲。

至於境內跨越萬新鐵路之漳州街，在日據時期，為馬場町之堤防道路，也是通往練兵場之要道，道路北起新店線鐵路鐵軌起點附近，南行後東轉至今泉洲街、水源路口。以西即為練兵場，又稱南機場。光復後，命名為「漳州街」。但後來因中華路、南海路之延伸，漳州街就廢除了。

和平→螢橋（昔名馬場町→螢橋町）

清代艋舺通往龍匣口、古亭庄，即闢有道路，稱粿店仔街，或粿店仔頂，屬郊區道路，清代死刑犯均在此正法，現今和平西路和植物園民俗植物區，即所謂的刣人埔。明治廿一年（西元一九〇五年）市區改正規劃道路，和平西路乃具雛形，惟並未完成。由於泉州街以東特三號排水溝，修築困難，只好延圳道築以小路街通六張犁（今和平東路）。光復後，命名為（和平西路），並予以拓寬及完成二、三段至環河南路，西接華江大橋，直達板橋，故為台北板橋要道及捷徑。就因為此段鐵路在和平西路附近，所以在民國四十一年（西元一九五二年）十二月一日將馬場町改稱和平站。

沿著萬新鐵路繼續前行，即穿越泉州街。清末，泉州街稱為龍口街，為龍匣口之要道。日據時期改屬龍口町，亦為通往練兵場之要道。泉州街上有建國中學、台灣教育會館、及螢橋國小等文教機構。

螢橋位在今廈門街與和平西路、汀州路交會一帶。廈門街為清代古亭通往渡船頭之要道，在今和平西路北側河溝（今加蓋改為廈門街二十五巷）上，即今大都市南海名園大廈前有座木橋，橋之北端多河溝、茅草，每至夏季雨後，螢火蟲到處飛舞，故這座橋被稱為螢橋，附近一帶也以螢橋為名。依照日本人的風俗，每逢晚春初夏喜歡在此地捉螢火蟲，在台的日本人多少有思鄉之情，藉此或許可解思鄉之愁。

萬新鐵路第二站螢橋站於大正十年（西元一九二一年）一月二十二日設立，在今汀州路與廈門街交會處西北角，今路旁樓棟編號為汀州路三三一至三三九號二層樓木屋則為車站辦公室。與新店線鐵路相接線上曾設有「螢橋站」之廈門街，日據時期為台北通往海山郡、中和庄之要道，隸川端町轄內。光復後，成為一條文化氣息馥郁之街巷。《創作》月刊，於一九四八年四月一日在台北市廈門街創刊，撰稿者大多為台灣師大國文系的師生，如臺靜農、李霽野、錢歌川諸先生，但同年九月停刊，前後僅半年；從小餓到大的作家——隱地，他的家在廈門街附近的寧波西街倒下去，他從廈門街站起來。爾雅出版社從六十四年（西元一九七五年）成立，如今已近四十個年頭了；台灣當代著名的詩人、散文家、評論家兼翻譯家余光中，也在台北廈門街的小巷裡，高吟鄉愁。余先生說他創作六百首以上的詩中，多數是在他居住的台北廈門街這條深長的小巷裡寫成。在『記憶像鐵軌一樣長』的詩中，更有一段有關萬新鐵路的敘述，撩起讀者無限的遐思：「在台北，三十年來我一直以廈門街為家。現在的汀州街二十年前是一條窄軌鐵路，小火車可通新店。當時年少，我曾在夜裡踏著軌旁的碎石，鞋聲雜軋軋地走回家去，有時索性走在軌道上，把枕木踩成一把平放的長梯。時常在冬日的深宵，詩寫到一半，正獨對天地之悠悠，寒顫的汽笛聲會一路沿著小巷嗚嗚傳來，淒清之中有其溫婉，好像在說：全台北都睡了，我也要回站去了，你，還要獨撐這傾斜的世界嗎？夜半鐘聲到客船，那是張繼。而我，總還有一聲汽笛。」

螢橋→古亭（昔日螢橋町→古亭町）

「古亭」地名之由來，相傳先民為防禦新店溪上游屈尺方面的泰雅族人出草，於是居民群議置守望亭於今晉江街頭土地廟旁，亭內置鼓警戒，故稱為「鼓亭」。日據時代才改為「古亭」。其位置有人說是在現今水源路與羅斯福路交叉處，當今古亭國小斜對面、桂冠公司一帶，這裡也是昔日仙宮廟的舊址。也曾聽老一輩的人說在台大校門口。另一說謂源於移民墾殖於此，設置眾多穀倉「古亭笨」於此之故（古亭笨以竹編壁，塗以泥土石灰為圓形穀倉，上蓋如斗笠而成），清乾隆二十九年（西元一七六四年）已設「古亭庄」。而古亭村庄頭核心為同安街與晉江街交會處之長慶廟。

乾隆二十五年屬淡水廳淡水堡古亭庄、內埔仔莊。同治年間，屬淡水廳大加臘堡古亭庄、林口庄。光緒十三年屬台灣省台北府淡水縣大加臘堡，庄名不變。日據後，改屬台北縣大加蚋堡，大正九年（西元一九二〇年），改隸台北州台北市古亭、富田、水道、千歲、毫口、南門等町，光復後改為台北市古亭區，民國七十九年（西元一九九〇年）三月十二日行政區改稱中正區至今。

新店線古亭站，日據時屬於川端町轄內，於昭和3年（西元一九二八年）八月二十日設古亭町乘降場，位在今汀州路與同安街附近。古亭庄過去人口稀少，因為以前地方人口的多少以廟宇多少來衡量。整個古亭庄在清朝只有兩座廟宇，一為寶藏巖，另一為汀州路的仙宮廟，可見人口不多。日據時期只有過店仔、崁頂、舊街仔、林口、公館幾個本地人聚落而已。

晉江街早於清代已闢為街道，當時為艋舺、古亭至公館、新店之要道，是古亭區最早繁榮的地方，昔稱「舊街仔」。以前該處瀕臨新店溪，船舟可沿淡水河上溯至此，故形成一商業中心，其規模雖然不及艋舺，但時間上約為同時，後因新店溪河床改道而趨於衰落，目前舊街裡的住宅有許多古老房宇，即舊時所遺。至於同安街前段，臨晉江街一帶，據傳於明鄭時期已有福建泉州人周阿戶，通稱無牙戶（一說為周賢明兄弟），在東門外至松山一帶墾殖，故此地周姓特多，和平西路一段十五號建有武功周姓宗祠。

長慶廟始於古亭區建莊之時，迄今二三〇年，草創之初，僅在大榕樹下，堆砌石塊即成，其中一石繫以紅帶，表示土地之神，此石今仍供奉於正殿之上，爾後隨墾民之增加而建小廟祀之，迨日據時改建，即今正殿的後幢，並保存當時之土地公和土地婆神像。民國七十一年（西元一九八二年）增建，正殿之上供奉保儀尊王和保儀大夫，右殿奉祀關聖帝君，左殿奉祀天上聖母。

長慶廟主祀福德正神，表現出漢人在開墾的過程中，內心自然產生對土地祈求豐收的期望，祈求土地之神庇祐五穀豐收，家畜興旺，成為一個移墾社會中的重要精神信仰，另供奉之尪公，即保儀尊王和保儀大夫，，尪公信仰源自先民的原鄉——安溪，相傳為唐代安史之亂中，守睢陽而殉國的張巡和許遠，其成神的封號，在民間為山神和驅蟲害之神，而在農業時代，蟲害對稻禾收成的影響甚大，故尪公成為傳統農業社會的守護神。

古亭→水源地

（舊名古亭町→水源地）

昭和三年（西元一九二八年）八月二十日設古亭町乘降場，民國四十一年（西元一九五二年）改稱古亭站，位於今日河堤國小附近。河堤國小（臺北市汀州路二段一八〇號）於民國四十七年（一九五八年）二月一日，自古亭區螢橋國小設立河堤分校。民國四十七年八月一日，正式成立河堤國小。民國五十四年（一九六五年）前，有些學生搭乘萬新鐵路到校上學。其校門對面巷弄內，有棵老榕樹，高約六層樓，胸圍五五〇公分，位於古亭庄開基者周家土地上，一九八五年（民國七十四年）前者老周考邀庄人籌資合建「金樹尊神廟」又稱榕樹公廟，供人膜拜。西元一九四四年左右，太平洋戰爭近尾聲，村人常爬在樹頂，觀看南機場上空美日飛機纏鬥交戰的盛況。據老樹普查人員發現榕樹公蟲害嚴重，樹況越來越差，亟待救援。

今之古亭、亭東、新店等里之全部及板溪、頂東等里之大部分即日據之古亭町。日劇時代古亭村庄頭核心為同安街、晉江街交會處之長慶廟一帶。晉江街（昔稱舊街仔）此地係昔日艋舺、古亭至公館、新店、深坑必經之地，清代已有店舖，是古亭區的發祥地。路旁有一座土地廟（長慶廟），建於雍正年間，廟旁大樹，幹粗可數人合抱。相傳清代鼓亭設於廟旁。同安街北起羅斯福路二段，南越新店線鐵路（今改汀州路），止於水源路，寬五公尺，石子路。以後改舖柏油，由於路幅甚窄行車困難，發展受限，建物依舊，變化不大。前段臨晉江街一帶，據傳於明鄭時期，已有福建泉州人周阿戶，通稱無牙戶（一說為周賢明兄弟），由東門外延伸至松山一帶墾殖，故此地周姓特多，和平西路一段十五號建有武功周姓宗祠。日劇時期，屬於川端町轄內。光復後，以福建省同安縣命名「同安街」。

目前，同安街東端至南昌路屬商業區，餘為住宅區。商業區路面窄，僅能通行機車，餘為混合車道。兩側建物以老式平房為主，部份改建為四樓住宅，晉江街口以南沿線以獨院倭式平房為主，部份改建為公寓住宅。

倭據時期古亭區有所川端國民學校，創建於光復前三、四年，係專供倭國孩童就學之用，光復後改為螢橋國民學校。螢橋國民學校未設立時，本地人靠近崁頂一帶的幼童，到萬華公學校（今老松國小）唸書；臨近公館一帶的則到景尾公學校就讀；住古亭庄的就到大安公學校（今龍安國小）上學。那時周姓人家在祖厝或大厝內設有私塾教授漢文。此外，區內只有一家「講古間」，只是講故事而已，沒有什麼教化場所。

在信仰方面，尤其是祭典，古亭一年有兩次迎神賽會農曆四月十三日迎尪公，要迎請景美集應廟的保儀大夫金身到古亭遊街繞境，另八月九、十兩日，南門口與古亭庄都要舉行大拜拜。再則萬華祖師廟每年農曆七月十九放水燈、二十普渡，古亭人都會老遠的挑著牲禮及祭品到萬華祖師廟膜拜。所以當時萬華流行一句諺語：「十九、二十天，滿街安溪仙」。可見古亭的安溪人與景美、木柵、萬華人關係之密切。

在產業方面，古亭昔日以產砂石聞名，螢橋堤防外被稱為「砂石埔」。過去台北的砂石大多由古亭、新店二地方供應。每日清晨六時，則有火車由此裝載砂石，運往基隆。當時古亭區且以「掏砂石女郎」聞名，她們大多居住在新店溪旁的溪洲。

昔日古亭區的人生活大多很辛苦，常有人遠抵深坑種植大菁謀生。大菁可作衣服染料，採收後就擔挑至萬華西昌街的船頭行，再以船隻載運轉售大陸。後來茶葉價格上漲，大菁就被廢棄改種茶葉。

水源地→公館站

水源地站為市區內典型的小火車站，只有上下班時比較擁擠，每日平均乘客僅約一千四百人，大部份為學校的學生與教職員。大正十年（西元一九二一年）一月廿二日，設水源地乘降場。螢橋公館間原為一行車閉塞區間，自民國四十二年（西元一九五三年）十二月一日起，改為螢橋至水源地間、水源地至公館間、兩個閉塞區間。日據時因台北市自來水廠設於此地，水源地乃成為地名。水道町涵蓋今之大學、國校、林興、林德、嘉禾、水源、富水、文盛等里。此地清代為新店經公館入台北之門戶，其小地名有：「虎孔口」在今永福橋旁自來水取水口處，新店溪流至此地河道突彎狹窄，成虎口狀，故名。其下有虎孔（閩南語音康）潭，昔日水深多游渦。「沈厝」在羅斯福路四段大世紀戲院一帶，昔日為沈姓聚落，故名。「林口店仔」今三軍總醫院大門口聖靈寺（仙宮廟）一帶，清代已成聚落，並有店舖，故名。

公館站位於現在東南亞戲院附近，大正十年（西元一九二一年）一月廿二日，設公館驛。民國五十年（西元一九六一年）十一月一日，由三等站降為簡易站，由水源地站管理。乾隆初年，安溪人陳玉壺最早到公館開闢，公館地當加蚋堡與山胞通商隘口，民

「番」交換，皆於此舉行，故名「公館」。另一說為安溪人抵古亭庄開發時，尚未有官府設置，周氏族人就於蟾蜍山腳自設公館，調派壯士屯守，處理自治自衛。

公館次分區古稱林口，即今林興、林德、嘉禾、文盛、富水、水源等里，再古亭區之東南部亦即基隆路以西，羅斯福路以南至新店溪畔。此地之墓頭山往昔為大加蚋堡南界，其以南為蒼鬱森林地帶，林口適當森林入口處，故此名。林口昔日為入墾新店溪流域之孔道。雍正七年（西元一七二九年）粵人墾首廖簡岳者與土著族訂和約後築圳墾地，乾隆年間泉州府安溪移民，大規模拓墾於此，於是林地漸被闢良田。

三軍總醫院（台北市汀州路三段四十號）成立於民國五十六年（西元一九六七年）七月一日，乃國防醫學院之教學醫院，負有臨床醫療、教學訓練、研究發展三大任務，設有內科等四十五科，為衛生署評定之醫學中心級醫院。服務對象為軍人、健保及一般民眾。民國八十九年（西元二〇〇〇年）十月一日，三軍總醫院內湖院區（臺北市成功路二段三二五號）開始門診，汀州院區轉型為護理之家，並保留門診和急診。

公館早期也叫「林口」，早年蟾蜍山、觀音山（公館附近）一帶，林木茂密蝟集成林，出了古亭庄，就是一片大森林，此地位於森林邊緣地帶，故謂之林口。

據老一輩的人說，蟾蜍山總共被切割三次：一一九巷昔日稱公館街，日據時期倭人在那兒開設農事試驗場，道路才拓寬一些，這是第一次切割。羅斯福路於日據之初再度拓寬，這是第二度被切割。迨至福和橋拓寬時，這座山又被第三度切割。據說這山是隻活蟾蜍，被切割時哭叫了三天三夜。

公館→新店

公館至新店共有：公館、萬隆、景美、大坪林、七張、新店……等站。其行駛路線幾乎與今日捷運新店線的公館站至新店站一致，車站位置也大約相同，僅有大坪林一站的位置略有差異。

一九二一年（大正十年），倭人政府鼓勵民間栽種柑橘、李子，使之成為新店地區的另一物產，為繼茶葉之後的經濟作物。萬新鐵路的完工，對於萬華至新店之間的貨運、客運，以及開發景美、新店一帶的煤礦、木材……等資源，有著極大的助益。

事實上，公館至新店之間，各站站名屢有變更。例如：萬隆原名十五份，根據林氏先祖的描述：「……我們有十五位堂兄弟得到從萬隆到公館約七五甲地，十五人合力墾成良田，後來分成十五份，各自領了約五甲地，再建屋永住（因此萬隆舊名被稱為十五份）。」而景美原名景尾，七張原名七張犁，傳說乾隆時劉秉盛等人開墾此地，七人合股，各備耕犁一張，此地乃名七張犁……等，而後來的站名多為日據時代或是光復後才更改的。

其中公館一站，可算是台北縣、市的重要分界點。由於當時台北市的範圍，尚未包括今日的文山區，因此市公車的行駛範圍，也只到公館為止。所以若是想要往來於台北縣、市之間，就只好在公館轉搭公車，或是搭乘公路局（即今日國光客運）。而在汽車不普及的當時，搭乘萬新鐵路往來於台北縣、市之間，無疑是最便利的方式了。

一九六四年（民國五十三年），北新公路的啟用，使台北至新店的交通更加便利，也形成了公路與鐵路並行的景象。當時公路的兩側，種滿了尤加利樹，而鐵路就和公路平行而進，在鐵路的另一側，就是綠油油的稻田了。

在當時的公館至新店，鐵路沿線的居民，多為普通的務農人家，直到國民政府來臺後，才略有變化。國民政府在大坪林設有內政部的宿舍，而考試院也遷移至附近，再加以鐵路沿線眾多的學校，例如：景美的滬江中學、大坪林的南強中學、七張的北一女新店分部（當時北一女分部有男學生），以及新店的文山中學……等等，使得公館至新店沿線，增添了幾許文教的氣息。

就因為如此，萬新鐵路公館至新店的搭乘者，除了一般的民眾之外，更有為數不少的通勤人口，使得上下班的尖峰時刻，車廂幾乎都是座無虛席。當時台北縣本地的學生與遠從台北市搭乘公車再轉搭火車而來的學生，大約各占一半左右；而位於七張的北一女新店分部，更為了配合火車的時刻，而將上課的時間延後了半個小時呢！由此可見萬新鐵路對於公館至新店沿線的生活影響之大。

當時萬新鐵路公館至新店，站與站之間的行駛時間，大約是五到六分鐘左右。這樣的速度固然不算快，但是以公路尚未發達的當時而言，已經算是十分符合需求了。然而鐵路會成為大多數通勤族的選擇，恐怕還是經濟的考量。在民國四十年代時，搭乘公路局（即今日國光客運）一次，約要兩毛五；而搭乘萬新鐵路，從水源地至七張，若是辦理月票，則三個月僅需二十一元，由此可知其票價差距之大了。

大頭仔

劇情大綱

大頭(萬梓良飾)生長在貧窮落後的農家，爲了討回兄長被詐賭的賭資，失手殺了人，從此展開他浪跡江湖的浪子生涯。

大頭出獄後到歌舞團當保鑣，認識了歌舞女阿君(恬妞飾)，兩人離開過著替人清洗門窗，正直卻貧苦、經常爭吵的日子。心情惡劣的大頭涉足賭場，當場識破莊家出老千，獲得了賠償卻引來殺機。主持該賭場的三郎(陳震雷飾)心有不甘，派手下鏈哥(蔡岳勳飾)殺害大頭，不料手槍走火誤傷自己，反被大頭救了一命。從此不但鏈哥成了大頭心腹，大頭更因此義舉得到TAKE老大(陳松勇飾)的賞識，收爲與三郎分庭抗禮的重要手下，阿君也回到了大頭的身邊。

大頭春風得意的日子沒過多久，便被仇家找上門來殺成重傷，TAKE老大爲此十分震怒，出馬與對方老大談判，怎料談判破裂反遭暗算身亡。大頭痛不欲生誓言報仇，遂與鏈哥在別墅前埋伏殺了仇家。事成之後兩人按照與三郎約定計畫到海邊小屋準備取款潛逃，豈料被三郎出賣，鏈哥當場被捕，大頭負傷脫逃。至此大頭才知道，眞正的仇敵是背叛者三郎，於是他天涯追蹤三郎，直到了結所有恩怨仇債。

精疲力竭的大頭回到阿君懷抱裡，沉沉的睡去，等待著面對明天現實時刻來臨。

鏡頭裡的寶藏巖

江湖/黑社會是台灣經濟起飛年代裡，城市生活的另一眞實面，大頭仔顯然是透過影像表現對此眞實面想像的一部代表作。寶藏巖場景出現在影片前段，與「兩狗」、「少年安啦」相類似，同爲江湖浪子逃避追殺的棲身處。

大頭仔爲了阿君，在歌舞廳殺傷了人而逃亡，兩人躲到寶藏巖聚落居住，場景爲230巷山坡上羅伯伯的三層樓家屋，鏡頭從寶藏巖向外望去，可以看見福和橋上的車水馬龍，也可看見對岸永和的公寓林立；城市高樓剪影的對比襯托出爲高架橋、新店溪所包圍的寶藏巖，脫離著台北經濟發展而遺世獨居。邊緣，是最直接的寫照。

在大頭仔與阿君的打鬧劇中，大頭仔情急跳出窗口，被鄰居和阿君嘲笑後又從另一邊的樓梯跑回家，此段戲一方面拍出了寶藏巖聚落有機堆疊的地景層次，另方面從鄰居的觀望與取笑聲中，也可感受到寶藏巖非城市狀態而專屬於此非正式社區鄰里關係特有的緊密感。

大頭仔片中所描述的寶藏巖居民大多爲年長的退休老兵，租客則多爲社會底層的城鄉移民勞動者、被追緝的逃犯、歌舞廳的舞女等等。他們多半爲城市中經濟能力、教育程度、社會權力的弱勢族群，在這個共生的聚落中遙望台北的經濟發展與繁華。雖然在角色形象上趨於題材的平版化，但卻是國片發展上眞實地碰觸城市底層生活中有血有肉的一群人的難得作品。

少年ㄟ，安啦！

劇情大綱

北港少年阿國、美國仔以初生之犢姿態，在卡啦OK滋事打架，並擲汽油彈縱火……，一如他們恣意的青春，短暫而炫麗。然而伴隨他們一日復一日的生活方式，卻是躲在閣樓裡吸安嗑藥，盡情縱樂解放。美國仔的父親，賭性堅強，和當地黑幫分子多有牽扯，致使美國仔承受來自家庭的壓抑暴力有之的性格。阿國從小由姐姐和姐夫扶養，在家庭溫暖的缺失下，或多或少是他們日後走上不歸路的遠因。而導致兩位少年北上犯案的近因，則是來自本片的靈魂人物一捷哥。捷哥爲其同鄉友人，少小離家北上，已混出一片天地；由於老大遭人暗算射殺，遂攜女友美美返鄉尋線索，透過兩位懵懂少年覓得了昔日夥伴彪哥，在理清線索後攜此少年赴北，展開復仇獵殺行動。捷哥的獵殺復仇行動成功，卻令夥伴彪哥中彈，兩位少年目睹彪哥死前的慘狀異像，甚覺驚慌恐怖，中途便分頭離去。此後，兩位孤獨少年，陷於繁華荒逸的城市日復一日，再也沒了回頭路。擁槍自重地迷失在五光十色中，陷入從未有過的快感追逐，也步步走向危險的泥沼，不可自拔。

台北之旅成了傷感之行。少年阿國在清晨薄霧中斃命而亡；另一邊找尋失落同伴的美國仔，則以更駭人的面目，遊走台北城市，繁華光影，恍惚而過…青春是什麼？成長爲何？與他錯過的人潮誰關心呢？(文字由城市國際電影公司提供)

鏡頭下的寶藏巖

寶藏巖場景出現在後段，捷哥在喜宴上射殺仇人後和女朋友美美躲在寶藏巖裡。鏡頭帶到59弄的長巷，當捷哥爲了阿國、美國仔所捅出的簍子要出面解決時，被美美在家門口攔住，美美坐在矮牆上哭泣，而後進入房內，捷哥在門口呼喚，背景可見長巷、兩側磚牆、手拉紗門、與遠方福和橋及興築中的高架橋。

導演談到，寶藏巖對他而言最獨特的是生活樣態跟風貌，它提供了台北城市的一種風貌，台北人每天就是擠在一個盆地、市區裡活動，沒有辦法抽離出一個位子；寶藏巖剛好就在一個河口的位置，有一種開闊感，又有著蒼涼的風貌，它在都市的一個邊緣上……邊緣、蒼涼這種超越文化的心境投射，是鏡頭下遺世獨立的寶藏巖作爲對照亡命天崖徬徨者的隱喻，躲在59弄長廊的捷哥、美美，面對未知危險卻不可自拔的泥沼，導演選擇「近黃昏」的視覺經驗，藉由長廊、落日、興築中的高架斷橋表達出特殊感受。

59弄位於聚落上方的邊緣位置，是眺望中永和、新店溪視覺經驗相當獨特的地點，長巷內的老榮民緩慢、自在平靜、不爲外界所影響的生活步驟與周邊不斷流動、發展的城市樣貌形成強烈的對比，這是寶藏巖最吸引導演、但也最令導演不忍的特質。值得一提的是，導演觀察到寶藏巖生活者特殊的身體姿態，並將其再現於影像中。人，超越了景物，永遠是導演最心繫的事情。

南國再見南國

劇情大綱

小高、扁頭與小麻花是三個在黑社會遊走的小混混，身爲外省第二代的小高，是扁頭與小麻花口中的「老大」，卻在台北開餐館賺著辛苦錢，有著年邁思鄉、有病在身的老父親。小高年近四十，仍無恆產，常常在女朋友阿瑛的公寓裡談著前往上海闖蕩的淘金大夢。扁頭衝動易怒、沈默而固執，經常耳聽不悅即鬥毆。他的女朋友小麻花過動而神經質，亦經常爲小高惹下麻煩。

阿瑛雖愛著小高，但年紀漸長心求安定，決心抓住眼前機會，前往美國發展，小高卻仍一心作著上海夢。回程小高等三人順道回扁頭的家鄉，扁頭得知祖產被伯父拿去，十分氣憤，揮拳要錢，卻打不過當刑警的堂哥，被扭送警局；他和小高四處找槍報仇，卻因警方佈下的線民，兩人再度被抓。透過議員出面關說，三人狼狽地被放回了半夜的荒郊野地。

不斷拉長、穿梭、移動鏡頭，卻仍擺脫不了南國炎熱與潮濕所帶來的鬱窒與騷悶；直到最後一幕，時間停格在不愼落入草叢的汽車上……

鏡頭下的寶藏巖

「……南國，再見南國的意思，就是「南國」相對於日本，相對於大陸都是南方，「南國」有很多移民過來，很多需要物資的人來這邊，但他們用完就走了，這是一種心情、不自覺的心情。對我來講南國這個地方你不好好的經營的話就會消失，你在這裡成長，有那個情感，你很捨不得，「南國，再見南國」其實就是這個意思，是一種心情，在這邊要長大很複雜，但是想離開又捨不得…」(見訪談稿)

在一個黑金當道與西進的年代，鬱窒與騷悶的熱濕島嶼上充滿了冒險、刺激、荒誕與無力。小高一心嚮往上海投資，卻在島嶼上一事無成，終日爲了身邊小弟周旋於賭場、酒店聲色間，時間是跳動的，鏡頭常是劍拔弩張，唯一和緩、溫馨者就只剩恣意奔放於嘉義山林間與寶藏巖的回鄉之道。

搬家的一幕戲，攝影機架在高處鳥瞰俯拍，長鏡頭下小高由37弄沿著階梯向上走，姊姊在37大樹平台下催促著，責怪他姍姍來遲。鏡頭下的人物流動，蟬鳴沖耳，一家人等待遲至的搬家公司，姊姊數落小孩般地抱怨著小高，這位黑社會角頭在家裡成爲頑皮的弟弟與舅舅，原鄉景象迥異於江湖日子。

被迫搬家是無奈的，大環境的變動與壓迫、何處是家園才是眞實南國最深沉的寓言。寶藏巖除了作爲小高外省第二代身份背景之外，也再現著台灣移民社會的奮鬥軌跡。在躊躇著是否要大膽西進的時刻裡，老家對於小高而言，就像劇中描繪對於南國的深層情緒一般，似乎是亟欲擺脫的過去身世，卻又牽繫至深、難以割斷；無奈之下暫時落腳之處，卻又是最眞實、依賴的每日生活場景。

雨 狗

劇情大綱

從日本到台灣的殺手優兒(哀川翔飾)，平時以運送豬肉爲掩飾，受到黑道大哥何叔(李立群飾)的照顧。昔日女友蘭方(魏筱惠飾)帶一小男孩阿成(何建賢飾)至優兒住處，說此男孩是優兒的親骨肉，讓他們父子相聚，並狠心丟下阿成離去。

何叔有事約優兒見面，阿成緊跟在優兒身邊，深怕被遺棄；何叔派任務給優兒，遠赴海邊小鎮大山暗殺黑道對手顧奇平(程守一飾)。出任務時阿成亦跟在旁，突然下起雨，優兒視雨天爲不吉利的象徵，於是暫停執行，至妓院休息等待天氣的好轉；與妓女麗麗(陳仙梅飾)相處後產生感情。

顧奇平被殺，其弟顧楓(高明駿飾)立誓替哥哥報仇，尋找兇手，優兒開始逃亡，麗麗與阿成跟著優兒躲藏至海邊空屋，經過數日，躲至麗麗好友SUNDAY住處。顧楓報仇心切，透過各種管道放出消息，派出大量人馬，暗中也和何叔協議。何叔在與顧楓談判後，決定順水推舟出賣優兒，使得優兒只得帶著麗麗與阿成展開逃亡之旅。

鏡頭下的寶藏巖

寶藏巖出現於電影末段，優兒、麗麗、阿成三人爲了躲避顧楓追殺而藏匿於寶藏巖麗麗友人SUNDAY住處，經過短暫的交談後旋即爲接到SUNDAY通風報信而趕至的顧楓等人追殺，最後的鏡頭爲麗麗倒臥於230巷59弄一隅，寶藏巖場景明顯爲殺手逃亡終點的寓言。

與其他電影中最大的差異爲本片中的寶藏巖幾乎都是以大雨爲背景，唯一的例外就是三人剛躲進寶藏巖時的陰天場景。如果我們對比人物的性格可以發現導演作了一個有趣的對比：從不在雨天外出的殺手、熱烈渴望晴天的妓女、還有瘖啞少年，他們躲避黑道追殺的過程看似追尋陽光的新生活，但是卻一路從晴朗的海邊躲進原本是陰天的寶藏巖、最後在大雨中紛紛結束生命。不過顧楓最後留下阿成一條性命，並且笑著對阿成說「明天會雨過天晴的」，似乎又蘊藏著對於未來的希望。

室內場景SUNDAY家反映著主人角色特殊的性格，過於潔淨的地板、白淨牆面、鐵梯、橘紅色造型皮沙發等家具擺設明顯異於户外紅磚灰牆的聚落意象，暗示著這位靠電腦與外界聯絡、單身、個性特異的年輕畫家是一位外來者，蘊含著背叛的伏筆。

雨中的寶藏巖還依稀可見一些已經消逝的景象：好比SUNDAY家(其實就是16弄1號)二樓望出去所見到已被拆除的雜貨店倉庫；麗麗與阿成被顧楓逮到的巷口，鏡頭的右上角短暫地帶到已經被拆除的小涼棚；優兒沿著230巷納骨塔獨自離開寶藏巖時，鏡頭也短暫帶到了已經被拆除的臨水區住户。對於懷舊的居民而言，這些片段或許可以勾起若干的回憶。

殺人計劃

劇情大綱

平凡的珍和美麗的晴是一對無話不說的好朋友，她們分享著少女私密的心情，用漫畫和角色構築了一個炫目且華麗的幻想世界。珍越來越沉溺在二人世界裡，但晴卻漸漸無法忍受珍的佔有慾，與珍漸行漸遠。無法忍受晴的背叛，珍開始在兩人分享心情的傳話本上塗鴉，畫出許多可怕而超現實的畫，在她心中，晴早已被判死刑。直到某日傳話本忽然失蹤，晴也恰巧在此時與珍和好，但那段黑暗的低潮眞會就此煙消雲散嗎？(文字由氧氣電影公司提供)

鏡頭下的寶藏巖

珍的家在寶藏巖山坡上羅伯伯出租的三層樓住屋，三樓是珍的房間，二樓住著父母，一樓是客廳及廚房，爺爺則住在地下室；瞿導演認爲，寶藏巖的空間與人群具有一股特殊的生命情調，房子依據地勢、周邊關係，甚至水源、向陽背陽，用這種觀點去開窗戶開門，而聚落裡頭曲折的巷弄宛如大樹盤根錯節，正是他想延伸出來兩個女主角心裡糾纏複雜的部分。

正因爲整齣戲重點在於描述女孩子鑽牛角尖的心情，所以導演相當敏銳且積極地將寶藏巖複雜的地景細膩地投射在此心境中，例如就房間性格來講，最上面的給最年輕的住，感覺好像把光明留給了年輕的一輩，可是卻又被水塔夾在中間，隱約地描述在她人生最充滿期待與希望的階段，被巨大透明、如複雜女孩心情般的水塔前後壓著，眞實的地景與抽象的內心世界交織在一起。

由許紹洋飾演的遊民房子是選在如今已拆遷的臨水區，屋外可見菜圃、欄杆，以及完整的拆遷過程。遊民努力地想維護自己找來的空間，最後卻還是被大環境、被怪手無情地拆毀，面對著殘垣廢墟，除了導演想表達小人物面對環境變遷的無力外，相信這也是今年初面對家園瓦解的寶藏巖居民不勝唏噓之處，本片選擇完整追蹤拆遷實錄，戲中戲外同時面臨人生的劇變。

片中老愛把東西往家裡收的爺爺，是由住在59弄的黃金山伯伯飾演，拍片過程中工作人員與黃伯伯相處地十分愉快；黃伯伯回憶起拍片的經過，開心地說他們還曾經到動物園對面的墳山出過外景。51弄的許先生也在電影中演上一段：當珍坐在階梯上哭泣時，許先生經過她身旁回頭望了珍一眼。許先生興奮地帶我們到拍片現場，親自演了幾遍給我們看，喜悅溢於言表。

羅伯伯經常出借房子給電影公司拍片，能夠遙望高架橋與夕照的平台，是許多導演喜愛的場景。羅伯伯的女兒年輕時就常在一旁觀看拍片過程和那些明星們。寶藏巖聚落裡，其實早已上演許多住民與影像工作者生動的故事了。

小雨之歌

劇情大綱

台灣與中國大陸在民國38年之後，因爲政治的緣故隔絕了半世紀。到了世紀的末尾，在曖昧的兩岸政治迷霧中，重新開啓了新的接觸。當年因爲戰爭緣故離開故鄉的老兵，回到家鄉帶回年輕卻貧窮的女子，燕子就是眾多的大陸新娘中的一位。除了所遭受的歧視之外，自身謀生條件的不足，沒有合法的身分和工作權，還有嚴苛的狹窄生存空間，使得在台灣的燕子面對自己前所未見的挫折和困難，她陷入了孤立無援的境地，甚至喪失了尊嚴，如同生活在孤島一般。她們就像是從中國大陸漂來的雲朵，在此化爲小雨落下，悄悄地滲入寶島的土地之中。淅瀝的雨聲，是一首太容易被漠視的漂泊之歌？

鏡頭下的寶藏巖

在「小雨之歌」之中年輕的大陸新娘燕子，跟著年邁返鄉探親的外省老兵回到台灣，在繁華都市的邊緣爲生存而掙扎、奮鬥的故事，正是在寶藏巖聚落中不斷上演的眞實劇本。在訪談中導演連錦華便說，這樣的景本身便能生出這樣的人物，對於拍攝「小雨之歌」這樣的題材是絕佳的場景。

福和橋上川流的車水馬龍，連結了台北都會雙城間的繁忙網絡，橋上，瞥見了當中隱然存在的隙縫；新店溪畔的堤防，切割了台北城市的繁華煙塵與化外境地，這是都市邊緣意象的構圖。由福和橋上遠遠向聚落拍攝的空鏡，畫面中沿山而上層層堆疊、交相錯落的屋舍，如同香港的調景嶺般的遺世獨立，先向我們暗示了老徐的身世，屬於四十年前的滄桑流離。

寶藏巖所獨具的攝影空間感，使得捕捉生活畫面的角度變得多元而豐富，鏡頭下故事場景的深度也因多重的空間層次得以不斷延展。老徐家中的室內場景，在汀州路230巷59弄1-1號內所拍攝，室內的三個房間、一個浴室、一個廚房正與設定的空間劇本相符。景深由房間延伸向客廳，穿越門見到院子，窗外是福和橋，而新店的遠山是漸漸暈開的遠景。37弄6號、8號大樹下的平台，則是燕子讓洗完澡的狗兒曬太陽之處，這是底層社區最眞實的每日生活場景。

橫越半世紀時光之間的兩岸，造就兩岸空間交錯、性別換置的背鄉流離，這是台灣移民社會的現實，交織著難言的深層情緒與動人情感。就像在37弄呂伯伯家沿著鐵梯而上的小陽台，我們將看見孤立狹窄的生存空間裡，流離的人們仍爲那一方斜陽而掙扎奮鬥著。

汪洋中的一條船

劇情大綱

敘述一個殘疾青年奮勵自強卻也燦爛一生的歷程。鄭豐喜出生雙腿殘疾，險遭拋棄，幸而爺爺與二嬸等人的疼愛與庇護，終於能夠從艱難的困境中成長起來。因爲家貧，幼年的豐喜經歷了隨耍猴人街頭賣藝，養鴨時又幾乎喪生洪水，環境的艱苦折磨，激勵了豐喜自強不息的毅力與上進心，不但靠雙手生存了下來，還爭取上學，取得了優異的成績。可是殘疾卻使他受到了一些老師的刁難以及同學的欺辱，豐喜寵辱不驚，以他的聰慧及過人的勇氣與毅力贏得了大家的尊重與欽佩。

爲完成中學學業，豐喜到處打工，他以一篇『汪洋中的一條船』參加徵文比賽，引起了社會很大的迴響，許多人表示願意資助他完成學業，但是他卻不願過多依靠他人。最讓豐喜欣喜的是專家徐錦章替他裝了義肢，使他站了起來。豐喜終於不負眾望考上了中興大學法律系，並繼續撰寫『汪洋中的一條船』。大學時，豐喜和同學吳繼釗相戀。吳父吳母雖欽佩豐喜的奮鬥精神卻不願將女兒嫁給他，幾經周折，鄭豐喜終於與吳繼釗結爲連理。婚後鄭豐喜與吳繼釗生活幸福美滿，育有兩女。

三十一歲時鄭豐喜因癌症不治辭世，留給世人一段自強不息的感人故事。(本文由公共電視提供)

鏡頭下的寶藏巖

由翁家明飾演的成年階段有許多在寶藏巖拍攝的場景。例如翁家明在台北租到了一間小閣樓，那就是230巷43號呂伯伯的家，影像中可清楚地看到翁家明坐在藤椅上唸書、偶爾還遙望遠方高架橋的模樣；口渴了就打開牆上的水龍頭喝水；因爲豐喜的腳不方便，下樓梯時還摔了一大跤，可以看得出來，呂伯伯家的那個鐵樓梯眞的是很陡呢！

呂伯伯告訴我們，小閣樓當初是爲了提供已逐漸長大的女兒有一間獨立的浴室，才將積蓄拿出來蓋了這麼一個閣樓，如今女兒已長大搬出了，小閣樓露台成爲呂伯伯乘涼看夕陽的小天地，鐵梯旁種滿了草花，坐在露台上眺望台北南面盆地與遠山風景，是寶藏巖中極爲特殊的景緻；「小雨之歌」連導演也看上了這一處閣樓，在此拍了不少戲。

翁家明在小閣樓被房東收回後，找到草地上正在搭蓋的木屋，那就是在現今寶藏巖聚落中央草坪處，84年政府拆除國防部單身宿舍後，村民利用殘餘的地磚平台作爲聚會空間，汪劇拍片時即看上了這塊樹下平台，在上方搭起木造平房。翁家明在屋子裡唸書時，還可以從窗口往右望見平台旁14弄插國旗紅鐵門與紅磚牆；平日他騎腳踏車回家也是從寶藏巖裡許多曲折的巷弄取景的。

「汪洋中的一條船」在寶藏巖拍片的過程，村裡許多居民都印象深刻。14弄的朱伯伯說劇組曾跟他接自來水去用；雜貨店毛阿姨、陳鄰長與孫子都還留有跟翁家明、于佳卉的合照呢。

山雨欲來

內容簡介

大雨伴隨著轟隆雷聲傾洩而下，雨水在蜿蜒的小徑上流洩，鏡頭中揭開了位於觀音山腳的寶藏巖聚落。從一位臨水區居民—游秀，述說生命中挫折、在門前河岸種菜、在停車場收垃圾、洗車的工作與準備祭品拜土地公這些生活內容，紀錄了城市底層人民生活與城鄉移民的艱辛。在朱伯伯與劉伯伯〝煮食〞的過程，看到不同單身老人的生活。從汪伯伯的女兒曉芬的口中道出一個「家」對汪伯伯的重要性，不論是成家或找到一個實質的家，都經歷了一段辛苦的過程，而她覺得住在寶藏巖，與其他同學有許多不同的之處，最大的差異在對物價觀念。在片尾，游秀說：若政府真的要拆，也只有把土地公與神請到別的地方，如果可以做，就在工作附近租房子，做不動，就到養老院去，我怎麼可能買的起房子……。這些不同生命故事交織出寶藏巖聚落—這個「家」，對底層社會人民的意義，不僅是房子，更是在大都市中生存、努力延續生命的重要的基礎。

鏡頭下的寶藏巖

整部紀錄片記錄了幾位寶藏巖居民的生活與他們對拆遷的看法，不論是單身的退伍老兵、城鄉移民、家庭、夫婦或年輕的一代，寶藏巖違建聚落對於中低階層人民是相當重要的棲身之所。他們對於政府要拆掉他們的房子，表示了無奈與對政府的不滿。寶藏巖聚落見證著台北市發展的歷史脈絡，它的異質性與豐富性就像一個大社會的縮影，從幾個居民的故事中，尤其是游秀的身上，看到一位都市底層與城鄉移民的生活，從她的歌聲與行動顯露出生命的韌性。他們都是城市生活的一部份，只是過去一直被邊緣化、被忽略。

雖然鏡頭中較少描述聚落中公共空間，但從游秀在涼棚中聊天與一些伯伯在大草坪平台上乘涼的景象，才讓人驚覺從那時至今聚落的地景和社區生活，在這一段歲月中的所經歷的改變。風雨中的寶藏巖，在歲月裡不斷掙扎、不斷改變，寶藏巖的故事，仍在繼續上演著…。

來看電影囉！

內容簡介

本片屬於社區生活紀實之紀錄性影片，內容是以寶藏巖社區公共生活爲主軸，以每週三晚上在電影廣場上舉行的家庭電影院活動爲核心，所進行的社區集體生活紀錄與側寫。目的在呈現2002年寶藏巖臨水區建物拆遷前後的環境變遷過程與原本涼棚下聚會的公共生活消失後，居民重新適應新生活的過程。

影像紀錄了近一年來台大年輕人與寶藏巖村民、已遷出老鄰居與原社區間的種種互動過程；值得一提的是影像在寶藏巖社區工作中佔有主動積極的角色，台大年輕人透過影像將國宅老鄰居與社區村民重新聯繫、透過影像讓村民回憶社區活動、透過影像讓村民確認每一次開會情形等等…家園重建之路雖然遙遠，但隨著每一次的影像互動，寶藏巖有著醞釀中的生命與希望。

本片作者爲台大城鄉所研究生，同時也是寶藏巖家庭電影俱樂部成員，從最初的參與社區工作、影像紀錄的角色，到試圖透過影像重構村民對於自身家園的認同，這是摸索、試驗、反覆反省的影像紀錄過程，影像的兩端，不僅村民重新見到了自己，作者也在鏡頭中看到自身。

鏡頭下的寶藏巖

本紀錄片的影像全是紀錄社區裡現在進行的眞實事件，取景的地點聚焦在原本16巷臨新店溪側成排屋舍拆除後所空下的水泥地上，平實地紀錄寶藏巖社區家庭電影院活動的情形與居民共同自力營造電影牆與電影廣場的過程，以及居民協力討論籌辦、集體參與台北藝術節「寶藏巖新發現電影節」活動的經過。

寶藏巖社區內16弄巷口的涼棚，原本是社區內居民平日休憩、閒聊，或打發時間或一起分享食物與生活經驗的地方；從前的涼棚下總是充滿熱鬧的話語交談與孩童的嬉戲聲，可說是社區裡最重要的公共空間。然而今年四月時，包含涼棚在內的臨水區住户遭拆除後，居民頓時失去了公共生活的基礎，並歷經了一段面對晴雨無遮，無處分享生活與排遣寂寞時光的拆後生活。

然而，在社區居民與台大年輕人數個月來不斷地嘗試與努力後，共同摸索出社區新公共生活的形式；半年來社區集體看電影、看社區活動紀錄片，看鏡頭中的自己與家園的影像，今日已逐漸重新地在社區內建構起屬於在地的公共生活與社區自我組織的能力。

面對環境劇烈的變遷與失落，居民仍執守屬於社區特有的自力營造文化特質，用雙手與身體的勞動讓寶藏巖的故事繼續下去。

附錄二：搶救好蟾蜍

找回歷史記憶 搶救好蟾蜍

動員令 台北市・大安區

一群好蟾蜍 蹦出保存新想像

動員基地	台北市大安區
面積	11.4平方公里
人口數	313,314人
人口密度	27577人/平方公里
動員者	好蟾蜍俱樂部發人／紀錄片工作者林鼎傑、電影創作聯盟理事長王耿瑜
動員對象	想用創意與溫柔改變世界的人
最想說的一句話	讓我們一起用行動與創意，為台北、為自己也為下一代留下一個時光機、任意門。

（至2012年11月，內政部資料）
張翠芳整理

←2010年蟾蜍山因具有豐富的蛙類與鳥類生態獲選為台北市生態廊道優先示範區。（林鼎傑提供）

↑蟾蜍山除了外省伯伯、本省媽媽外，也有印度人、原住民居住於此，是文化的大熔爐。（林鼎傑提供）

煥民新村面臨拆除危機 林鼎傑和王耿瑜號召一起「把台北九份留下來」
鄉願景
台北公館蟾蜍山
中國時報
102.11.11.
蟾蜍山聚落因緊鄰空軍作戰指揮中心，到現在仍維持完整的聚落型態。（王英豪攝）
←林鼎傑
↓王耿瑜
主持人李偉文（陳君瑋攝）
貿易古道穿越聚落
現今蟾蜍山聚落位置
只有一座的寶藏巖
地名「公館」
羅斯福路尚未出現

搬走2年 8旬翁天天「回家」

只要天氣晴朗，每天早上10點，4位80幾歲的老伯伯，有的扶著拐杖，有的散步，有的騎腳踏車，或坐著電動輪椅，從各地「回家」，來到住了50多年的煥民新村，坐在長椅上和老朋友閒嗑牙話家常。

紀錄片導演馮忠恬在《今天友沒友？》中，記錄了蟾蜍山聚落鄰里親密互動關係。生活在大都會的人，高樓大廈總是門窗緊閉，鄰里朝夕不相往來；煥民新村仍保有老眷村守望相助鄰里熱情互動的緊密關係，大家出門會相互問候，像一家人般閒話家常。

在蟾蜍山聚落租屋住了5年的林鼎傑說，剛搬來時女友擔心晚歸不安全，實際上社區保全比什麼都好，因為每次晚歸，鄰居家的狗就開始叫，主動警示提醒。

「蟾蜍行動─鄰里起哄」活動中，聚落推出一家一菜「大辦桌」，每個媽媽各煮一道拿手菜，東南西北印度菜等各方口味，彼此分享品嚐，媽媽們也親切招呼前去拍攝紀錄片的工作人員，大家覺得那是一種愛與感動。

從小在嘉義眷村長大的王耿瑜感慨自己住的老眷村早被夷為平地，她說，每個人都很懷念童年時可以爬樹、在路上探險，現在媽寶那麼多，就是因為小孩都住公寓大廈，每天被接送上下學，從生活中探險的樂趣都沒了。

在全盛時期，全台共有879個眷村、9萬8535戶，隨著時間推移、老兵凋零。2011年底煥民新村居民陸續搬離，在《今天友沒友？》中每天從南勢角騎50分鐘腳踏車回來和老朋友聊天的高伯伯，發生車禍腦出血無法出門，另一位老伯也往生，如今，到社區長椅聊天的人愈來愈少了。

（執筆：張翠芬）

街角的長椅是眷村伯伯們打發時間的好去處，有些人即便搬走了仍每天回來找老友相聚。

（林鼎傑提供）

責任副總編輯／張瑞昌　編輯／張若瑤

透過鏡頭 讓聚落永遠活下來

當年拍攝《尼羅河女兒》工作劇照，侯導在蟾蜍山度過40歲的生日。（王耿瑜提供）

1987年曾在蟾蜍山拍攝《尼羅河女兒》的侯孝賢導演，今年特地把「金馬電影學院」移師到蟾蜍山，希望透過年輕導演的眼睛，用影像把蟾蜍山聚落特殊的景觀保留下來。

電影創作聯盟理事長王耿瑜當年是《尼羅河女兒》的副導，在颱風過後的黃昏，她拉著當時的攝影助理，同時也是《戀戀風塵》男主角王晶文、美術指導林鉅，以及攝影師陳懷恩，一起舊地重遊。拿著26年前《尼羅河女兒》的劇照，覺得蟾蜍山當年情景依舊，有一種回到過去的感覺。

王耿瑜還請電影資料館提供《尼羅河女兒》拷貝片，在聚落播映，引起居民很大的共鳴。因為這部電影片名是來自日本漫畫，片中飾演女主角的楊林，生在單親家庭，與哥哥（高捷飾）祖父（李天祿飾）相依為命，在物質追求精神空虛的荒蕪城市，藉漫畫《尼羅河女兒》逃進幻想世界，比喻80年代，城市即將崩毀前，年輕人不安定的狀態。

今年金馬學院已在10月底開課，創立金馬電影學院的侯孝賢不只當校長，還下海當「導師」，親領來自兩岸三地的年輕導演學員一同拍片，地點就在蟾蜍山，但向台科大申請的過程並不順利。（目前已確定難產）

侯導在「蟾蜍行動」中曾說，國外許多地方像日本、阿姆斯特丹等的火車站，都是老館保留再蓋新館，因為，地方跟建築是有歷史根源的；此次再來到蟾蜍山，他覺得很多地方都可以用，台科大可以把它當做校園的延伸，他也想來這裡喝咖啡寫劇本。

蟾蜍山的房子層層疊疊，依山而建，結構很有趣，王耿瑜說，侯導很有職業敏感度，笑說在這裡拍賭場警匪追逐戲，警察應該抓不到盜賊，「透過鏡頭，可以把它的美用藝術保存下來，至少讓它的生命再多延續一段時日，這是身為影像工作者能夠做的事。」

（執筆：張翠芬）

一、新故

從台北市羅斯福路四段一一九巷轉進去，距人車喧囂的公館捷運僅幾步之遙，恍如穿越時光隧道般，出現在眼前的，是個時間彷彿凍結在五〇、六〇年代的山城聚落。

這個依偎在蟾蜍山腳下的「煥民新村」，是台北碩果僅存的山城眷村，依山而建的建築和人文氛圍，形成獨特的城市景觀，如今卻面臨拆除危機，一群關心的朋友發起「好蟾蜍」搶救行動，希望為城市留下歷史根源。

好蟾蜍俱樂部發起人、紀錄片工作者林鼎傑，和電影創作聯盟理事長王耿瑜在本報與環宇電台合作的「新故鄉動員令」專題訪談中強調：「不要只想著經濟起飛，就一定要拆房子，那不是唯一的價值。」

二、鬧區旁的時空膠囊

林鼎傑目前就住在煥民新村，他發現這個地方有獨特的風貌，距離公館捷運走路不到十分鐘，進到裡面三分鐘路程，就像來到沒有遊客的九份，階梯狀的建物，生活步調緩慢，充滿魅力，像個座落台北鬧區旁的時空膠囊。

當地特殊的山城景觀與空間氛圍，吸引侯孝賢等多位知名導演前來取景，《尼羅河女兒》、《好男好女》等多部電視、電影都在此取景、拍攝；張菲、費玉清、伍佰、畫家鄭在東、小說家張萬康等人都曾居住於此。

蟾蜍山聚落最熱鬧時居民有一千多人，一九九〇年代，蟾蜍山部分區域被畫為台科大預定校地並附帶「安置承諾」。校地內包含列管眷村「煥民新村」三十九戶、非列管眷村（俗稱違建）六十戶、農試所日治宿舍群二十八戶。

三、發起聚落保存行動

煥民新村居民在二〇一一年年底搬遷後，地上物所有權人國防部原訂今年八月十六日拆除眷舍，蟾蜍山部分居民得知後，發起「好蟾蜍工作室」，號召藝文工作者、老師學生、咖啡店老闆等人，展開聚落保存行動，希望讓外界看見這裡獨特的空間氛圍與歷史縱深，並積極提出兼顧校方使用需求的再利用方案。

林鼎傑找到當年擔任《尼羅河女兒》副導的王耿瑜，舊地重遊後，王耿瑜心想：除了剷除蓋大樓，有沒有其他的可能？「在它消失之前，我們來做點事吧！」

為了保留這個古老建築群，林鼎傑這群好蟾蜍推動一波波行動，從「山城聚落——空間測繪營」為聚落丈量繪圖留下紀錄資料；「在蟾蜍山的日子——老公館空間故事展」，讓影像工作者透過鏡頭，帶領大家發現聚落的魅力；「蟾蜍行動——鄰里起哄」由藝術家現地創作，集結公民力量進行街區記憶清理、廢家具修復、廢墟變菜園等行動。

四、可望與台科大共生

「我們是很溫和軟性的社會運動，不希望抗爭抗議，要用文化性、體驗性、藝術性打開大家的五感，體會這裡的美好」，林鼎傑說，煥民新村的眷戶雖已搬離，但周遭由外省軍人自力營造的聚落，仍有許多人居住，鄰里關係緊密，它可以與台科大「共生」，例如參考國外結合社會服務合作模式的學生宿舍或社團，由學生協助幫老人送餐等等。

五月奔走迄今，蟾蜍山聚落原本八月中將灰飛煙滅，因兩棵老樹遷移必須補送樹保計畫而延後，房舍可保留到年底，林鼎傑說，「這個社會並不冷漠，我們感受到很多正面能量，只要民眾多關心周遭的事，它可以創造一種新的可能。」

林鼎傑認為，保留並修繕煥民新村再利用，除了幫台北市保留唯一的山城眷村外，也是台科大在不用提出「安置計畫」便能直接使用這塊校地的契機。但歷經幾次立委的協調，台科大對煥民新村無再利用的意願，煥民新村將被迫於年底拆除。

五、藉紀錄片正面行銷

主持人李偉文表示，二十年來他幾乎每天都會路過公館，卻從不知道有蟾蜍山聚落這樣一個遺世獨立的地方，他一定要找時間親自到當地探訪。他建議，台科大應保留此處豐富多元的文化，善用侯導在此拍片等時機，為學校正面行銷宣傳。

除了今年金馬學院以蟾蜍山為場景，十二月香港國際雙年展也選定蟾蜍山做國際外展場；王耿瑜說，紀錄片力量很大，透過鏡頭看到的不是破爛，而是美麗的時空，這裡有台灣二、三十年前的成長記憶，千萬別把歷史割斷了。

「歷史可以讓人安定，我們要把它找回來！」王耿瑜希望每個人回頭看看自己成長的地方，「用你的方式把它記錄下來，我們這個世代需要保留一些記憶，從歷史去學習！」

六、清朝通商古道遷台後的「克難村」

車水馬龍的公館捷運站，每天有數萬人在其間穿梭，大家可能不知道，「公館」這個地名的源起，是來自位台北南區的蟾蜍山（見圖，好蟾蜍提供），當地還有仙人呂洞賓收伏蟾蜍精等仙跡岩的傳說，更增添鄉野傳奇。

住在煥民新村的林鼎傑特別研究了蟾蜍山聚落的歷史典故。清朝時期，在羅斯福路尚未開通前，當地是新店地區進出台北盆地的通商古道，清朝政府在古道上設置了官員辦公的「廨署」負責防守，並向往來的商人徵稅，「公館」地名也因此而來。日據時期，日本在此設立「農業試驗場」，搭建不少日式宿舍，裕仁皇太子也曾來台視察。民國政府搬遷來台後，興建空軍作戰指揮部，一九五三年落成的「克難村」後來更名為「煥民新村」。

這個依山而建的眷村聚落，瑠公圳從聚落前方流過，因擁有豐富的生態與老樹，被指定為台北市十大生態廊道示範區之一，迄今保有遺世獨立的生活況味。

蟾蜍山與仙跡岩南北兩山有一傳說，據說，古時候公館地區有蟾蜍精作怪，常常吃人危害百姓，呂洞賓特地下凡和蟾蜍精鬥法，拿釣桿收伏時用力過猛，在岩石上留下一個腳印，因此被稱為「仙跡岩」，蟾蜍精被降伏後整整叫了三天三夜，後來變成岩石，就守在今天蟾蜍山的位置。（附錄二資料來源：中國時報，一〇二年十一月十一日。）

參考書目

1──彭桂芳，唐山過台灣的故事（台北：青年戰士報社，民國七十年十月）。
2──陳瑞隆，台灣鄉鎮地名源由（台南：裕文堂書局，二〇〇六年九月）。
3──潘英，台灣平埔族史（台北：南天書局，民國八十五年六月）。
4──賴福順，鳥瞰清代台灣的開拓（台北：日創社文化事業有限公司，二〇〇七年八月）。
5──林衡道監修、馮作民的，台灣歷史百講，其他資料佚落。
6──莊華堂，土匪窟的故事（台北：唐山出版社，二〇〇八年二月）。
7──吳政憲，台灣來電（台北：向日葵文化，二〇〇五年二月）。
8──林炳炎，台灣電力株式會社發展史（台北：作者自行出版，一九九七年三月）。
9──李欽賢，台灣的古地圖（台北：遠足文化事業有限公司，民國九十一年十二月）。

10——鄭美俐、陳必讀主編，說我家鄉（台北：台北市政府，民國八十六年六月）。
11——程大學，台灣開發史（台北：眾文圖書公司，民國八十九年十月）。
12——夏聖禮，新店溪水天上來（台北：街頭巷尾文史工作室，二〇〇九年十二月）。
13——李聰超主編，台北的故事（台北：台北市政府，民國八十三年四月）。
14——林衡道口述、楊鴻博整理，鯤島探源（柒）（台北：麥田出版有限公司，二〇〇一年六月）。
15——楊松翰主編，解讀台大的82個密碼（台北：國立台灣大學，二〇一〇年四月）。
16——高麗鳳總編，台北思想起，上下冊（台北：台北市政府，民國九十一年十一月）。
17——國民中學歷史第二冊，國立編譯館，民國九十二年元月，第三版。
18——李孝悌，高中歷史（下）（台北：龍騰文化事業有限公喜，出版時間不詳）。
19——台大五十周年校慶籌備委員會，台大五十年（台北：國立台灣大學，民國八十四年十一月）。
20——台大校友雙月刊第68期，二〇一〇年三月。
21——台大建築與城鄉研究所，「台大管有之殖民時期建物及宿舍調查研究報告」，二〇〇三年十二月十二日。（未出版）

22—陳福成，台北公館地區開發史（台北：唐山出版社，二〇一一年七月）。
23—中華民國自然步道協會編著，台大校園自然步道（台北：貓頭鷹出版社，二〇〇四年七月）。
24—江清泉，臺大人文風情（台北：臺灣大學，二〇一一年十一月）。
25—臺大秘書室訪客中心，二〇一二年校園志工訓練手冊，張淇惠、林玟妤策劃執行講習。
26—臺灣大學簡介，二〇一二—二〇一三。
27—曾世昌主編，臺大校園生態導覽特展（台大農業陳列館發行，二〇〇九年七月）。
28—臺大博物館群，二〇一〇年五月。
29—臺大校史館，印刷時間不詳。
30—王學寧總策劃，紙上花園（臺大藝文中心，二〇一三年四月）。
31—臺北劃刊，第502、495、534、539期。
32—溪洲仔社區報，出版時間不詳。